はたらく
って
なんだ？

働くこころの根っこをつくる哲学授業

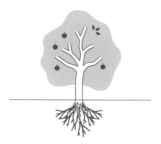

概念工作家
文 村山 昇　　絵 visions 今岡 幸図

日本能率協会マネジメントセンター

この本は、
ひとことでいうとどんな本？

就職（職選び・会社選び）をどうするかの前に、そして、仕事をどううまくこなすかの前に、自分の〈生きる・働く〉がどうありたいかの心の根っこをつくらなければならない！

この本は──
「働くこと・仕事・キャリア」に向き合うときの

- 心の構え方・ものごとのとらえ方
- 就労意識の基盤
- 仕事観・キャリア観

をつくる本です。

この本の48テーマの授業は、主として大学生・若いビジネスパーソンに向けて書かれていますが、ひじょうに普遍的・根本的な内容を扱っていますので、P4のように幅広い方々に役立つものになっています。

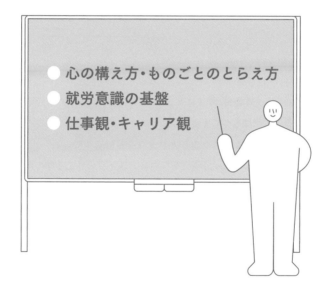

● 心の構え方・ものごとのとらえ方
● 就労意識の基盤
● 仕事観・キャリア観

この本は、
だれのための本？

● **大学生**

　就職活動に向かう3〜4年生、院生にとって、この本は"シューカツ・テクニック"よりも根底にある就労意識をつくるものになります。面接で自己を語るとき、この基盤意識がきちんとできているかいないかは大きな差になるでしょう。また、1〜2年生のうちから「社会人になって職業を持つことはどういうことなのか」ということを理解しておくことはとても有益です。

● **職業を持つすべての人**

　仕事現場で業務スキルや知識は身についていきますが、「働くとはいったい何なのか」「自分はどうありたいのか」などをじっくり考えることはほとんどないのではないでしょうか。上司や組織もそれを教えてはくれません。この本はそうした「働くことの根っこにある問い」を考えるものです。そこにまなざしを向けると、明日からの仕事景色が変わってくるでしょう。

● 経営者・管理職の方　● 人事／人財育成に関わる方

　従業員や部下を「ヒト資源・労働力」として粗雑に扱う会社は早晩、人財が集まらなくなるでしょう。そこには「個性を持ちながら生き・働く1人1人の人間」がいるのです。「この会社を舞台としながら、自分らしく働くためにどんな意識を醸成していけばいいのか」、数値や成果を問う前に、そうした仕事に関わる根っこの意識・就労観を語るための素材がこの本には詰まっています。

● 就職支援に関わる方

　大学キャリアセンターやハローワークなどで求職者のサポートにあたる方。キャリアコンサルタントとして独立事業をされている方。相談の質をより深いものにするための一冊になろうかと思います。

● 子どもと「働くこと」についての対話を深めたい親・保護者

　この本の48の授業テーマは、家庭内で「就職・働くこと」についての対話をするときの、よいきっかけとなるでしょう。

● 高校2〜3年生

　48ある授業のうち関心をもったところだけを"つまみ読み"してもよいです。こうした内容をはやくから学んでおくことはとても有意義です。アルバイトをしているなら、より実感をもって読めるでしょう。

もくじ

【あり方】から考え学ぶBE-Learning

イントロダクション

健康な樹木に育つための根っこをつくろう！

—— 根っことは「観」

健康な樹木に育つための
"根っこ"をつくろう！

みなさん、ようこそ！
「自分らしくあること／自分らしく働くこと」を哲学する教室へ！

この本は「BE-Learning」、つまり「BE＝あり方、あるべきこと、存在」について考え、学んでいきます。

哲学といってもこわがることはありません。哲学とはそもそも、ものごとの根本が何なのか、なぜそうなっているのか、そして結果的に自分はどうありたいのか、に考えを巡らせることです。答えをうまく出せても出せなくても、そう考えたプロセス自体がすでにもう哲学なのです。

難解な哲学用語を解読したり、名だたる哲学家を時系列で覚えたりするような哲学は、ここではいっさいありません。イラストがたくさんつめこまれた本書を読んで、「あ、働くってそういうことなんだな」「自分らしくってそういうことなんだな」と、自分なりの解釈＝観ができていくきっかけがつかめれば、それでオーケーです。それも立派に哲学したことになるのです。

「DO＝やり方」ではなく
「BE＝あり方」に目を向ける

　さて、私たちが生きる社会は、何かと功利主義が優勢となっていて、経済性や効率・成果が重視されます。そのため私たちに求められることが、いかにものごとを賢く処理して、利得をあげるかに偏りがちです。そのため知らず知らずのうちに、「DO＝やり方、すべきこと、方法」ばかりを追い求める（追い求めさせられる）ことになります。

　みなさんが経験してきた受験も、就職活動（就活）についても、この「DO」の面ばかりが求められ、いかに上位の得点をあげて合格枠に入るかというやり方（ハウツー・手法）の情報があふれる状況になっています。

　しかし、「DO」ばかりに目をキョロキョロさせ、それを表面的に追っていくだけでは、長い人生を乗り切れない、ましてや「自分らしい生き方・働き方」の実現はむずかしくなることを少なからずの人は気づいています。

　そのために私たちは「BE」に目を向けなくてはいけない。そこで、「BE-Learning」と繰り返し述べるこの本では、これから何十年と続くキャリア・人生の道のりを、自分らしく、健やかに歩んでいくための「根っこづくり」をしたいと思います。

健康な樹木に育つための根っこをつくろう！──根っことは「観」

働く人を「樹木」にたとえる

　私たちは社会に出て、何かしら職を持ち、働いていきます。ここで働く人を一本の樹木にたとえてながめてみましょう。

　樹木にはまず枝・葉があります。枝・葉は、働く人に当てはめていうと、「末端の知識・技能」です。たとえば、●●の知識／情報を持っているとか、●●の処理技術／スキルを習得しているとか。知識や技術を多く持っている人は、それだけ枝や葉を多く茂らせているということになります。そして樹木は花を咲かせたり、実を結んだりします。この花・実は、働く人の「表現・成果」です。仕事上で生み出したモノやコト、外に与えた効果／影響をいいます。

　樹木の中心部に目を移しましょう。枝や葉のもとをたどっていくと、幹があります。幹は働く人でいうなら「おおもとの力」、たとえば、しる力、みる力、読む力、考える力、学ぶ力、想う力、かく力、言う力、伝える力、などです。さらには「行動特性」を加えてもいいでしょう。そして、外から見えないけれど樹木にとって大事な部分、それは地中に広げる根です。根は働く人でいうと、「マインド・観」です。つまり、「働く・生きる」に対する意識、ものごとや世界のとらえ方、信条、価値観といったものです。

　また、樹木の生長にとって欠かせないのが太陽です。これは働く人にとっての「おおいなる目的」、すなわちどんな意味に向かって「働く・生きる」か、夢、志、理想、ビジョンととらえていいでしょう。

あなたはこれから
職業・仕事を通じて
一本の樹木として育っていく

 太陽

おおいなる目的
・何の意味に向かって
　「働く・生きる」か
・夢、志、理想、ビジョン

花・実

表現・成果
・生み出したモノやコト
・外に与えた効果／影響

枝・葉

末端の知識・技能
・○○の知識／情報
・○○の処理技術／
　スキル　など

幹

おおもとの力
・しる力、みる力、読む力
・考える力、学ぶ力、想う力
・かく力、言う力、伝える力　など

行動特性
・行動のクセ／傾向性
・態度、習慣

根

マインド・観
・「働く／生きる」に対する意識
・物事や世界のとらえ方
・信条、価値観

樹木が健康に育つために大事なこと

さて、樹木が生き生きと花を咲かせ、豊かに実をつけるために必要なことは何でしょう。

―――まずは、根を広く深く大地に張ること。
そして太くかたい幹を天に伸ばすこと。
さらには、そこからいくつも枝を出して、葉を茂らせること。
燦燦たる陽光を受けて健やかに生長していくこと。

ところが冒頭でも触れたように、私たちの社会はますます短期的、効率的、競争的成果を要求するようになってきています。ですから、企業の職場はもちろん、学校教育の一部も、処理的な知識・技能を教え込むことに傾いています。書店に実務本、ハウツー本、成功法本が数多く並んでいるのもこのためです。知識・技能を身につけること自体は決してわるいことではありません。むしろ、奨励されるべきことです。

しかし現状、社会は樹木であるあなたに対し、枝・葉のみを揺り動かし、「もっともっと茂らせろ」、木の実を「もっともっと早く実らせろ」とせかしているのです。その間、根や幹はほったらかしにされています。

根や幹に気をかけず、そこを育てようともせずに、ただ私たちは「もっと多く、もっと早く」の成果を求める（求められる）状況になっています。これは樹木にとって何とも不自然・不健全な状態ではないでしょうか。

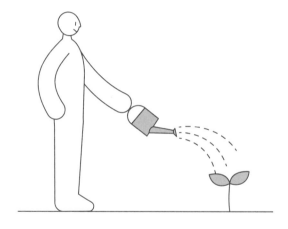

健康な樹木に育つための根っこをつくろう！──根っことは「観」

その人のかけがえのない観・志は
決してAIに侵されない

　これをお読みの若いみなさんは、これから職業・仕事を通じて一本の樹木として育っていくことになります。それが健やかな生長になっていくためには、根っこをつくることが大事です。

　根っこ（＝マインド・観）をしっかりとつくり、陽の光（＝目的、志）をじゅうぶんに受ける。そうすれば樹はしぜんと幹が太くなり、枝葉が茂り、花や実をゆたかにつけます。これから始まる授業は、そうした健全な樹に育つための養分になります。

　枝葉的な末端の知識・技能はいまや、機械やAI（人工知能）との競争です。多くの作業において、人間はもはや機械やAIにかなわなくなるでしょう。しかし、根となるマインド・観や、太陽となる目的・志は、人間でしか、より正確にはその人でしか持てないかけがえのないものです。決して機械やAIに侵されることはありません。

　仕事やキャリア、働くこと、生きることを、どう見つめ、どうとらえるか。自分なりの「観」を磨けば磨くほど、「自分らしいあり方」がみえてきます。さあ、では、その旅をはじめましょう！

健康な樹木に育つための根っこをつくろう！──根っことは「観

【あり方】から考え学ぶBE-Learning

第1限

「キャリア」ってなんだ？

#1 キャリアとは
荷車を進めていく営み

━「キャリア」という言葉が持っているニュアンス

　社会に出て働きはじめると、「キャリア」という言葉によく出くわします。「技能を磨いてしっかりキャリアをつくりなさい」とか「自律的なキャリア形成が大事だ」「キャリアが停滞する」「キャリアがひらけてくる」「キャリア・デザイン」「キャリア・パス」など。

　「キャリア（career：英語）」は、日本語で端的に訳せない概念なのですが、ざっくり言えば、「職業生活」「職業遂行における能力的・役割的・実績的な連鎖と蓄積」「仕事を通じ自己を開発していく過程全体」といったニュアンスになります。

　最近では、個人の人生のなかで、働くことと生きることの境界線があいまいになってきていることもあり、キャリアという概念を職業・仕事だけのことに結びつけず、趣味や私的活動をも含めて「ライフキャリア」と呼ぶこともあります。たしかに、自分という存在を開発してくれるのは、仕事だけではありません。遊びでも、旅行でも、育児でも、それを通していろいろな学びや成長があり、自分というものを表現し、残していく活動なのです。

　さて、「キャリア」の語の由来は「荷車」（あるいは、それが通った車輪の跡）にあると言われています。一職業人として社会に出るとは、いわば自分の荷車を引いて、山や谷、川を渡っていく旅路の始まりといえるでしょう。

キャリアとは……

「キャリア」の語の由来は
「荷車」にあると言われている。

　一職業人として社会に出るとは、
いわば自分の荷車を引いて、
山や谷、川を渡っていく旅路の始まり。

━ 働くほどにいろいろなものがたまってくる

　自分が引いていく荷車は、スタート時点では空っぽです。何ものっていません。ところが、1年、3年、5年、10年と仕事をします。すると、いろいろなものが荷車にたまってきます。

　何か業務を任され、一人前にこなせるようになれば、「知識」や「技能」がたまります。いろいろな人とチームを組んでプロジェクトを進めていく。すると「人脈」ができてきます。そして「業績」や「感動」もたまっていきます。

　いつもいつもうまくいくことばかりではないので、「失敗経験」や「後悔」「トラウマ（心の傷）」も積み込むことになるでしょう。そうして荷車を引いていくと、自分の奮闘した跡が轍となって残っていく。

自分の荷車に何をためていくか

スタート時点では、
荷車は空っぽ。

だが、
1年、5年、10年と
働いていくと……

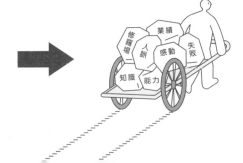

いろいろなものが荷車にたまってくる。
そして自分の奮闘した跡が
轍となって残っていく。

■ あなたの残す車輪の跡は不恰好でいい

荷車を引いていく道のりはけっして平坦でもなく、まっすぐでもなく、見通しがすっきりと晴れているわけでもありません。

ですから、振り返ってみたときに、自分の車輪の跡はとても不格好な線を描いていることでしょう。行きつ戻りつ、迷いながら、を繰り返したからです。

しかし、それこそが自分の誇りある奮闘の歴史です。

ドイツの文豪ゲーテは次のように言いました———

自分自身の道を迷っている子どもや青年のほうが、
他人の道を間違いなく
歩いている人びとよりも好ましく思う。

——ゲーテ

ノーベル文学賞作家のヘルマン・ヘッセも次のように言います———

どの人間の一生も、
自分自身へと向かう道であり、
その道の試みである。

——ヘルマン・ヘッセ

もし、振り返ってみて、自分の車輪の跡が「最短距離で一直線」という人がいたら、それはおそらく味気のない、うわべをなぞっただけのキャリアであったにちがいありません。自分自身に対する深い発見や開拓や、充実感を得ようとすれば、何事も簡単にまっすぐに進めるわけはないのです。

　いずれにせよ、キャリアというみなさん一人一人の「自己をひらく旅」は長く長く続いていきます。荷車にどんなものをためていくか、どんな軌跡を描きながら進んでいくか、そして最後に遠くに見える星をつかむことができるか――

　楽しみな旅がいよいよ始まります！

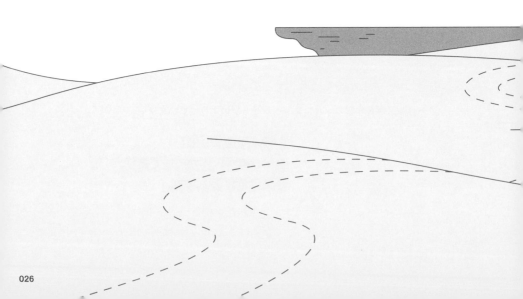

行きつ戻りつ迷いながら
「自己をひらく旅」は長く長く続いていく

#2 キャリアは航海

━ 航海に必要なもの3つ

みなさんがこれから本格的に歩みを進めていくキャリアは、何十年と続く活動です。そのキャリアを「航海」にたとえてみましょう。まず、航海に必要なものって何でしょう?

絶対に必要なものを3つあげるとすれば、それは―――「船・羅針盤・地図」です。

「一個の職業人」として立ち、たくましくキャリアを切りひらいている人は、航海にたとえると次の状態にあります。

[1] しっかりした船をつくっている
[2] ぶれない羅針盤を持っている
[3] 地図上にみずから描いた目的地に向かって進んでいる

航海に必要なもの

①船

コンパス
②羅針盤

③地図
（目的地入り）

■ 大海原をゴムボートでいくか、大型船でいくか

まず1番目、「船」について考えてみましょう。

航海するならどっちがいい？

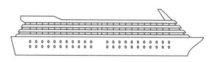

ゴムボート　　　　or　　　　大型船

- 手こぎ
- 屋根なし、照明なし
- 部屋／トイレなし
- ゴム製（軟弱）

- 強力エンジン（10万馬力）
- 屋根あり、照明あり
- リビングルーム／寝室／トイレあり
- 鋼鉄製（頑丈）

　もしあなたが航海に出るとして、「ゴムボート」がいいか、「大型船」がいいかと問われたらどうでしょう。……もちろん、大型船のほうがいいに決まっていますね。ゴムボートのような非力な船で航海を続けることは難しいからです。

キャリアという航海において 自分という「船」をしっかりつくっていくとは──

・その仕事分野の **知識・経験** を豊富に得ていく

・その仕事分野で **高い技能** を持つ

・仕事成果が出るよう **自分の特性** をうまく活かしていく

・**広い人脈** を持つ

・**生活経済力** をつける

・**健康な心身** を保持していく

多少の荒波や潮の流れ、
風雨に負けない船をつくれ

　ここでいう船とは、働くあなた自身と考えてください。

　だれしも会社に入りたての新人のころは知識もないし、技能もないので、言ってみれば、ゴムボートのような非力な船です。しかし、しばらく働いていくと、だんだん能力的・精神的に成長してきて、自分という船の機能性が上がってきたり、船体が大きく頑丈になってきたりします。

　そのように、キャリアを押し進めていくとは、自分という船を航海に耐えうる船に成長させていくという挑戦なのです。

■ 羅針盤を持たずに出る航海って……

さて2番目、「羅針盤」について。

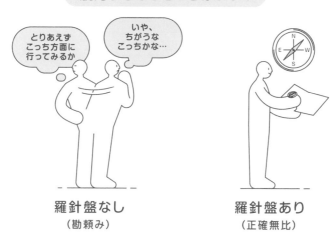

航海するうえで、羅針盤を持たずに大海原に出ることはかなり危険な旅です。たとえ持っていてもそれが正確な方向を示さず、時々にぶれてしまう羅針盤であれば役立たずです。

それと同じように、キャリアという航海にも「ぶれない羅針盤」が不可欠です。ぶれない羅針盤とは、自分のなかにしっかりとした理念や信条、価値観を醸成し、どんな状況においてもぶれない判断ができることです。

キャリアという航海において「ぶれない羅針盤」を持つとは―

・どんな出来事や情報に接しても
ぶれない基軸 で
ぶれない判断 ができる。

・そのために働くうえでの
理念や信条・価値観 を
しっかりと醸成する。

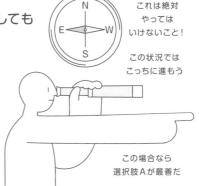

これは絶対
やっては
いけないこと！

この状況では
こっちに進もう

この場合なら
選択肢Ａが最善だ

　ただ、だれしもキャリア航海の最初からぶれない羅針盤を持っているわけではありません。自分のなかにしっかりとした精神の軸ができてくるにはそれなりに時間や経験量が必要です。10代や20代でやすやすとできるものではありません。

　学校を卒業し、保護者のもとを離れて、社会人として自立して生きていく。仕事の荒波にもまれ、いろいろな経験を重ねていく。うまく成果が出せたり、出せなかったり。人から信頼されたり、だまされたり。そうした過程なしには内なる羅針盤はつくられません。キャリアとは自分を進めていく精神的基軸をつくる挑戦でもあるのです。

━ 地図のない航海って……

最後に3番目の「地図」について。

航海するならどっちがいい？

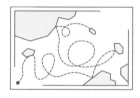

地図なし
（目的地わかっていない）

地図あり
（目的地わかっている）

　実際の航海であれば、もちろん地図があり、そこに描かれた目的地に向かっていくのが当然です。しかし、みなさんのキャリア航海がどうかというと、とくに会社員という選択肢を選んだ場合、多くの人がまずは海に出るだけという状況になります。

　いや、あなたは「就活時に将来地図や目的地を思い描いた」と言うかもしれません。しかしたいていそれらは、会社に入って、いざ現場で働き出すと、現実味のない絵になってしまう可能性が高いものです。学生時代に理想や願望として描いた将来地図は、やはりリアルな状況や情報をじゅうぶんに加味したものではありませんから、容易に破れてしまうことが起こります（ただし、理想は理想として、ずっと抱き続けてよいものです）。

　ですからみなさんのキャリア航海は、とりあえず、志望の会社に就職し、会社から命じられた部署に行き、与えられた業務をこなす日々が続きます。

■■ 就活時に描いた地図はいったん破られたとしても

　ですが、ほんとうのキャリア航海の地図・目的地描きはそこから始まるといってよいでしょう。会社に入った当初は、だれしも受け身にならざるをえない期間があります。が、自分のキャリアを力強く押し進めていく人は、しだいに能動性・主体性を発揮し、現実を踏まえたうえで、あらたに「目的地入り地図」を描きはじめます。

　「目的地入り地図」を描くとは、自分の方向性を決めていく、目指すべき状態をイメージする、最終的な理想像から逆算して現在の行動を考える、などです。さらには高い位置から、自分の仕事に意味を与えることです。

**私たち一人ひとりはこれから何十年とかけてキャリアの航海に出る。
それを最善のものにするために──**

1 航海に耐えうる
船をつくろう
（＝自立）

2 ぶれない判断・行動を
するための羅針盤を持とう
（＝自律）

3 目指すべき大陸を見つけよう
航海の意味を見つけよう
（＝自導）

＊「自立・自律・自導」については別途、第6限で説明します

　わたしたちは変化の激しい時代に生きています。航海で言えば、潮の流れや風がどんどん変わるということです。ですから船は漂流しやすい。そうならないために必要なのは──航海に耐えうる船をつくる。ぶれない羅針盤を持つ。目指すべき大陸を見つける。そしてこの航海の意味をみつけることです。

#3 キャリアは山登り

━ 頂点をひたすら目指すか、それとも回遊するか

今回はキャリアを「山登り」にたとえて考えてみましょう。

山の楽しみ方の代表として、「登山」と「トレッキング」の2つがあります。登山において目指すべきは、なんと言っても山の頂点。登りきれるか、きれないか、それが醍醐味です。

他方、トレッキングの場合、とくに目標とする場所はありません。山のなかを歩き回って、いろいろな景色、空気を楽しめればよい。

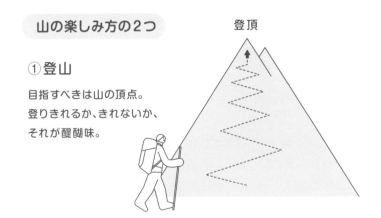

山の楽しみ方の2つ

登頂

①登山

目指すべきは山の頂点。
登りきれるか、きれないか、
それが醍醐味。

さて、キャリア形成もこの２つのタイプで分けてみることができます。

「登山型」のキャリア形成とは、「必ず資格をとって●●●になる！」「日本一の●●のプロになる！」「●●●の分野で新発見をする！」といったような唯一絶対の目標を立てて、脇目も振らずその達成を目指すタイプです。

「トレッキング型」のキャリアは、現状、唯一絶対の目標は思い浮かべていない（浮かべられない）けれど、「開発の仕事は面白いな」とか「営業職は奥が深いぞ」とか「他業界に転職して学ぶことがたくさんあるな」などのように、いろいろな仕事（職種・職場）を経験することでキャリアが進んでいくタイプです。

それはまさに、山のなかを歩き、たまたま見つけた池や滝でたたずんだり、岩場に咲く植物をいろいろと観察しながら進んでいくトレッキングに似ています。

②トレッキング

とくに目標とする場所はない。
山のなかを歩き回って
いろいろな景色、
空気を楽しめればよい。

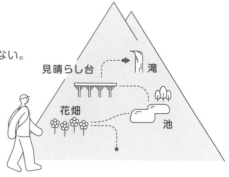

■■■ 山自体から楽しみを引き出しているか────それが問題

　登山型とトレッキング型とで、どちらがよいわるいという問題ではありません。どちらもありです。

　いまあなたに唯一絶対の目標があれば、それは貴重なことですから、その成就に向けて集中すればいいでしょう。しかし多くの人は最初のうち、そうした絶対的な目標は持てないかもしれません。で、あれば、まずはトレッキングを楽しむということでよいでしょう。

　トレッキングを続けていくと、しだいに山のことがわかってきて、体力や技術がついてきます。すると自分の登りたい山がみえてきて、その頂上に挑戦したいなと思えるときがやってくるかもしれません。そこが「登山型」キャリアへの転換点です。

　また逆に、「登山型」でがんばった人が（結果的に登頂できても、できなかったとしても）、その後、山のなかを回って楽しむ「トレッキング型」に切り替えることもあるでしょう。

　登山型であれ、トレッキング型であれ、大事なことは、山のなかの活動を通して、山自体（＝働くこと）を楽しんでいるか、豊かな体験を実感できているかです。懐の深い山から何を引き出せるか────それは自分しだいです。

キャリア形成の2タイプ

唯一絶対の目標

「必ず資格をとって●●●になる！」
「日本一の●●のプロになる！」
「●●●の分野で新発見をする！」
といったような唯一絶対の目標を立てて、
脇目も振らずその達成を目指すタイプ

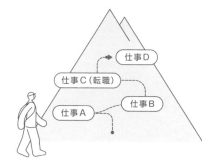

現状、唯一絶対の目標があるわけではないが、
「開発の仕事は面白いな」とか
「営業職は奥が深いぞ」とか
「他業界に転職して学ぶことがたくさんあるな」
などのように、いろいろな仕事（職種・職場）を
経験することでキャリアが進んでいくタイプ

#4 キャリアはマラソン

■「競争」という仕組みは避けて通れない

　私たちは好むと好まざるとに関わらず、「競争」の仕組みのなかで生きています。

　競争という仕組みは、人間が社会で生きていくうえで必要なものです。他者との競争がなければどれだけ人生がラクになるかと思うかもしれませんが、競争がないと人は自分を開発することに怠けてしまうものです。競争があり、勝ったり負けたりするからこそ、刺激や気づきが生まれ、自分の能力を磨こうという意欲が生まれてきます。

　また競争によって、その能力に優れた人を選抜することができるので、世の中全体として適材適所の振り分けが可能になります。しかし、競争が過度になると悪い面が出てくることもわたしたちは知っています。いずれにせよ、競争という仕組みは適切に用いてこそ、よい機能をはたすものです。

さて、みなさんもこれまで競争のなかで育ってきました。受験もそうでした。そして就活もそうです。この競争は、社会に出て働くようになれば、もっといろいろな形で現れてくるでしょう。

会社に入れば、1期（1年）とか半期（半年）ごとにあなたの業務成果が評価されます。また、あなたの能力の付き具合も査定されます。それらは他の社員のものと比較され、あなたの位置づけや給料の額が決まってきます。

そうした競争は会社内だけではありません。会社の外では、他社との製品・サービスの競争があります。機能面、価格面、信頼面などで競い合いながら、お客様を獲得せねばなりません。

━ 世の中は「短距離競走」の連続

　私たちはそのようにいたるところで競争にさらされています。そしてそのほとんどが「短距離競走」です。

　受験競争や就活であれば準備から決戦までの期間は1～2年でしょう。会社に入れば、個人の業績評価期間は1年とか半年ごとです。営業系の職種であれば、毎月、毎週、毎日に成績競争の締め切りがあります。

　また、企業間の製品・サービス競争であれば、刻々と市場シェアが移り変わり、新商品の開発サイクルもどんどん短くなっています。世の中は、このように短距離競走の連続なのです。

世の中は短距離競走の連続

[学生時代]
・受験競争
・就活戦線

[会社に就職してから]
・1期ごと(あるいは半期ごと)の
　業務成果評価
・能力査定、昇進・昇格競争

この短距離競走というのは、

- 決められたルールのもとで一斉に競技し
- より早く/速く
- より多く

の成果（たいてい数値評価される）をあげた者が勝者となります。

　勝者は1着、2着、3着と順位づけられ、彼らはごほうびとして優位的な立場や報酬を得ます。一方、着外の人は何も得られないことが多い。

　こうした短距離競走を、仕事上で何本も何本も繰り返しやり続けるというのが、職業人生の一面でもあります。これを厳しい現実とみるか、いや逆に、成長できる機会とみるか、このとらえ方の差はひじょうに重要です。

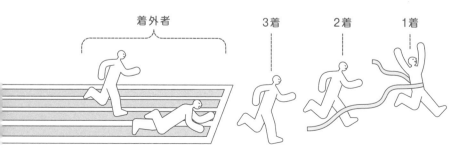

■ 中長期にわたるキャリアはマラソン

さて、そうした短距離競走がある一方、マラソンという長距離走もあります。

日々の業務をどうこなし成果をあげていくかは、短距離競争の色合いが濃いのですが、その連鎖・蓄積であるキャリアはむしろ、マラソンとしてとらえたほうがよいものです。

「生産年齢」という言葉があります。働き手として生産活動にたずさわることのできる人間の年齢をいい、一般的に15歳以上65歳未満とされています。この生産年齢の間に何かしら職業を持って働くのが、言ってみれば「キャリア第1マラソン」です。多くの人は20歳前後で就職して、60代まで働くので、40年にわたる長期間のマラソンになります。

人によっては、60代で会社員を定年退職後、新たな職で働きはじめます。これは「キャリア第2マラソン」といえます。

人生の根幹をつくるのはもちろん第1マラソンのほうです。このマラソンで大事なことは、いかに自分らしく完走するか、です。

■ 他人との比較競争ではなく自分らしく完走できるか

このマラソンは、だれが1着、2着で、だれが着外かという他人との比較競争ではありません。ともかく自分が納得でき、悔いを残さず、健やかに、充実した内容でゴールできるかどうかが大問題なのです。

キャリアは長距離マラソン
いかに自分らしく完走するかが重要テーマ

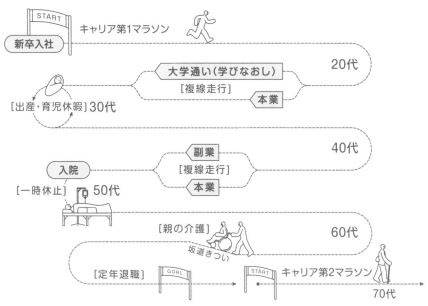

キャリア第1マラソン

START
新卒入社

20代
大学通い（学びなおし）
[複線走行]
本業

[出産・育児休暇] 30代

40代
副業
[複線走行]
本業

入院
[一時休止] 50代

60代
[親の介護]
坂道きつい

[定年退職] GORL

START キャリア第2マラソン

70代

何十年と続く走路です。いろいろな状況が起こります。基本的には本コースを走っていくのですが、ときには本業と同時に夜間スクールに通って学びなおしをしたり、副業に挑戦してみたり、複線走行する場面もあるでしょう。

　またあるときは、出産・育児のためにいったん本コースとは異なるコースを走ることもあります。ですが、この経験もまた自分に貴重なことを教えてくれる機会になるでしょう。

　またときには、からだを壊して入院してしまうこともあるでしょう。走りを一時休止しなくてはなりませんが、ベッドの上でいろいろと考える時間ができたことが逆に有意義な気づきを与えてくれるかもしれません。

　マラソンはこのように坂あり、曲がりあり、複線あり、休止ありと、変化が多く距離の長いコース。他人との短期の勝ち負けに目をキョロキョロさせているひまはありません。自分のマラソンが走りがいのあるものになるよう中長期の展望や意味を持ち、走ること自体が楽しく思えるようになればしめたものです。そうなれば自然と自分らしく完走できるマラソンになるはずです。

BE-Learning #5 キャリアは自分の色・形の表現

━「相対の目」と「絶対の目」

　私たちはなにかと自分と他人とを比較してしまいます。「自分の成績は他人と比べてよいか／わるいか」とか、「自分の持っているものは他人のものと比べて高いか／安いか」とか。その結果、優越感にひたったり、劣等感で落ち込んだり。

　こういったことは社会に出て働くようになってからもずっと続きます。「自分の年収額はサラリーマン全体の平均年収と比べて多いか／少ないか」「自分は同期入社と比べて昇進が早いか／遅いか」「自分が就職できた会社は一流企業か／それ以外か」など。

　このように、他者と自分とを比較して自分がどのへんにいるかみようとするのは、言ってみれば「相対の目」です。相対的に自分をながめること自体はけっしてわるいことではありません。が、その度が過ぎると問題も起きてきます。

相対の目の人は、他者と自分を比べて自分の位置を知りたがる

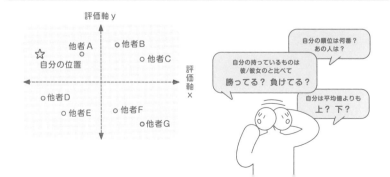

「相対の目」ばかりで自分をみていると、つねに他人はどうなんだ、自分の位置はどこなんだというふうに目をキョロキョロさせていなくてはなりません。そうするうちに自分を失ってしまう危険性があります。

　また、多くの人が他人との比較でやきもきするのは、その人が所有・獲得しているものの「多さ／少なさ」だったり、その人が一部分として持っている能力の「速さ／遅さ」だったりします。それらの評価はたいてい数値化・ランキング化されますが、その算出のからくりは、驚くほど単純か、逆にあいまいで恣意的なものです。

　世の中にあふれるこのような "ものさし" は、あなたという複雑で豊かな人間のごく一部を評価するにすぎず、まるごとの価値を表すものではありません。

他人が笑おうが笑うまいが、自分の歌を歌えばいいんだよ。
ひとつ、いい提案をしようか。音痴同士の会を作って、そこで、
ふんぞりかえって歌うんだよ。それも、音痴同士がいたわりあって
集うんじゃだめ。得意になってさ。しまいには音痴でないものが、
頭をさげて音痴同好会に入れてくれといってくるくらい堂々と歌いあげるんだ。
—— 岡本太郎

■ キャリアは「アップ／ダウン」「勝ち組／負け組」で語れるか

　社会に出ると、「年収増のキャリアアップを目指せ！」とか「あの人気ブランド企業に入って勝ち組キャリアに！」などのメディアの見出しが目に入ってくるでしょう。これらはまさに相対の目がとらえる表現です。

　こうした表現に惑わされないために、私たちは「絶対の目」を持たねばなりません。絶対の目とは、他人との比較を捨て、自分独自の基準でものごとをみることです。

　例えば実際に起こっているキャリア物語ですが、金融会社で億単位の金を動かしていた人が、会社をやめて、地方で農業を始めたり、あるいはNPO活動の中心者になったりしています。たしかに年収ベースでいえば、大幅ダウンに違いないのですが、これをキャリアダウンと安直には決めてかかれません。テレビのドキュメンタリー番組に出てくるそうした人たちの声は「やめてよかった」「人生が蘇った」というものです。これはキャリアのアップ／ダウンを超えて、人生革命の域に達しています。

　絶対の目からとらえるキャリア形成は、短絡的に数値が減ったからダウンだとか、負けだとかにはなりません。絶対の目の人がこだわるのは、その選択が「自分らしさの追求か／妥協か」です。それは、色や形にたとえるとわかりやすいかもしれません。

▬ 自分なりの発色・造形をきわめよう

　色の世界では、青と赤を比べて、青が上だとか、赤が下だとかの比較はしません。色は比較相対によって優劣高低を判別するものではないからです。形も同様です。丸と四角と星形を比べて、どれがよくてどれがわるいかと判じることはできません。

　ただ、色には「いい青だな」とか「ちょっと赤がくすんでるね」などというように、色合いというか発色度合いの違いがあります。自分が赤を選んだのであれば、自分らしい赤色を発していくことが大事になります。色合いが独自のものになってくれば、その選択・行動は正しいのであり、色合いがいまひとつであれば、まだ努力する余地がたくさんあるということです。

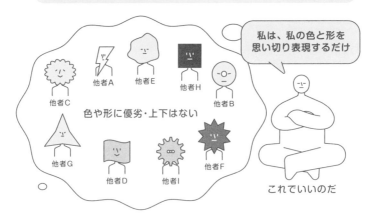

絶対の目の人は、
自分のあり方を研ぎ澄ませようとどっしり構える

他者A
他者E
他者H
他者C
他者B
色や形に優劣・上下はない
他者G
他者D
他者I
他者F

私は、私の色と形を
思い切り表現するだけ

これでいいのだ

形にしてもそうです。自分は丸なら丸をきわめてやるという意識が大事です。丸は転がすことに向いています。だから自分はどんな転がりを追求していくかを考えるのです。自分は四角でいくぞと思えば、どんな四角で、どうやってその形を精いっぱい活かしていくかを考える。ある人は箱のような入れ物としてがんばろうと思うかもしれないし、ある人は積み木のような建材として我が道を行こうとするかもしれない。

キャリアはその人の個性です。個性に上も下もありません。優も劣もありません。ただ自分が自分らしくあればよい、そのための挑戦や努力が楽しい、そうどっしり構えられるかどうかが大事な点です。

世間やメディアがこしらえる「勝ち/負け」の相対的尺度の中で一喜一憂し、そこでがんじがらめになる働き方をするのか、それとも、自分なりの色・形をきわめようとするのか、この意識の持ちようの違いは、長い仕事人生を送っていくうえでとても大きな分岐点になります。

**他のだれかの物真似をした二番煎じものでいるより、
つねに自分自身を追究した一番手でありたい。**

──ジュディ・ガーランド（米・女優）

〈あり方〉から考え学ぶBE-Learning

第2限

「働く」ってなんだ？

「はたらく」とは
「まわりに作用する」こと

━ 磁石と砂鉄の実験

小学校のときの理科の実験を思い出してください───

紙の上に砂鉄をまきます。そしてその紙の裏から磁石を近づけます。すると……砂鉄
全体がさっと動いて、模様をつくる。そう、「磁力線」が浮き上がったわけですね。

だれしも、この瞬時の変化に驚いたものです。さて、この現象を理科の教科書では「磁
力がはたらいて砂鉄を引き寄せ模様をつくった」と説明します。

そう、磁力が"はたらく"のです。はたらくとは「作用する」ということです。

人が「働く(はたらく)」のも同じことです。人が何かを書いたり、つくったり、決めたり、
計算したり、売ったり、歌ったりします。するとそれが、まわりの人や環境に何か作用
して変化が起こる。これが、人が働くということです。

みなさんはこれから社会に出て、働くようになります。働くとは、具体的な仕事・職
業を通じて、周囲の人や社会に対し何かしら作用をし、変化や影響を与えることだと
考えてみたらどうでしょう。

磁力が"はたらいて"できる線

お、おー
不思議な模様だ～

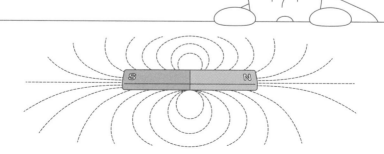

━━ 「Before→After」で
　　どんな価値を創造する仕事人ですか

　下に掲げたのは私が企業向けの研修で使っているワークシートです。これは、あなたは「Before→After」でどんな価値を創造する仕事人ですか、を1枚のシートに描いてもらうワークです。

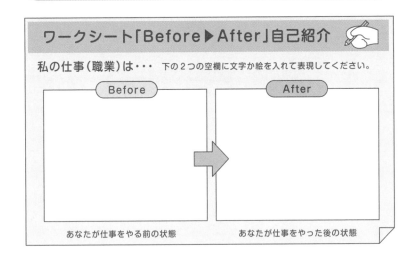

左側の欄には、あなたが仕事をやる前の状態を書きます。次に右側の欄には、あなたが仕事をやった後の状態を書きます。文字で表しても絵で表してもかまいません。

【 記入例 】

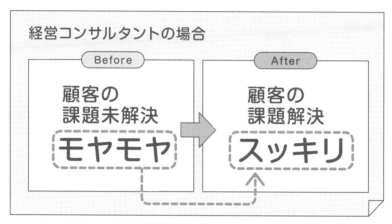

このつくりだした価値にお客様はお金を払ってくれる（＝値段がつく、給料になる）

経営コンサルタントであれば、「顧客の課題未解決モヤモヤ」状態を、自分が何かはたらきかけを行うことで、「顧客の課題解決スッキリ」状態に変わる。これが彼（彼女）の価値創造であり、仕事なのです。このつくりだした価値にお客様はお金を払ってくれるということでもあります。

その他、書籍編集者の場合、調理器具メーカー商品企画者、ホテルコンシェルジュの場合もご覧のとおりです。

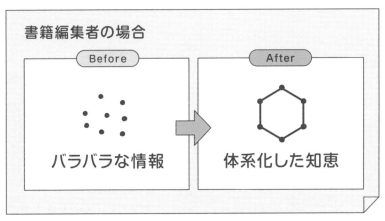

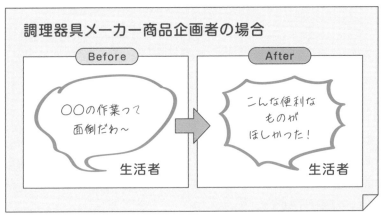

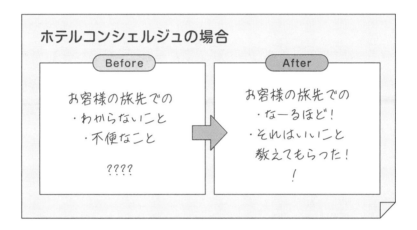

　自分のまわりを見渡してみてもわかるように、この世界はいろいろな人が働き、それぞれに作用を起こし、変化や影響を与えています。あなたもまた職業を持ち、仕事を通して、世の中に作用を起こしていくことになります。

　あなたがきょうやった仕事でこの世界は少し変わります。そしてまたその作用こそ、あなたの存在意義にもなりえます。

#7 仕事とは 「能力×想い→表現」の活動

━ 「仕事」をとらえる3つの根源要素～能力・想い・表現

　会社員にせよ、自営業者にせよ、日々大小の仕事をこなし、事業を進めていきます。さて、そうした日々の「仕事」をこなすために必要なものは何でしょう―――それはまず「能力」です。

　何かビジネス会議用の資料をつくろうとすれば、関連データを集める力、文書作成の力、パソコンを使うスキル、読み手がぱっとみてわかりやすいようにする紙面づくりのセンス、提出日の締め切りを守る時間感覚などが必要になります。目の前の仕事を仕上げるには、まずもって能力が不可欠です。

　しかし、能力だけあれば仕事はできるでしょうか。……いえ、実際は、その仕事をやる下地に「想い」というものがあるはずです。どんな意識でやるか、どんなことを大切に感じながらやるか。

　そのように仕事は、能力と想いのかけ合わせで何かしらの「表現」を生み出す活動だといえます。

　会議用の資料も立派な創造物であり、ひとつの表現です。カフェ店員の接客や、医師の治療行為も表現です。職業を持つとは、そのように何かしら「表現」を売って生きていくと言い換えていいかもしれません。

　そしてその表現は自分の外に生み出されるや外の世界に何かしらの「はたらき・作用」を及ぼします。つまり便益（あるいは害）であったり、ものごとの進捗（あるいは遅延）、感動（あるいは不快）であったりです。

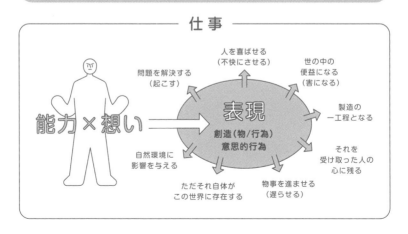

仕事とは「能力×想い→表現」
その表現は世界に何かしらの「はたらき・作用」を及ぼす

━ 能力と想いを書き出すワーク

　下の図は企業の研修で使うシートです。ふだんの仕事をするにあたって、自分がどんな能力を身につけているか、どんな想いで取り組んでいるかを書き出すものです。学生の方はアルバイトの仕事とか、部活やゼミで任された仕事・役割などに当てはめて考えてもいいでしょう。

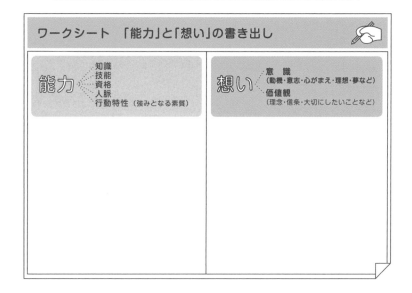

仕事に向かうあなたの「能力と想い」は何だろう？

ワークシート　「能力」と「想い」の書き出し

能力
知識
技能
資格
人脈
行動特性（強みとなる素質）

想い
意　識
（動機・意志・心がまえ・理想・夢など）
価値観
（理念・信条・大切にしたいことなど）

このシートを例えばプロ野球選手Kさん、消防士Fさんの場合で書くとどうなるか。下にそれを示しました。

～ プロ野球選手Kさんの場合 ～

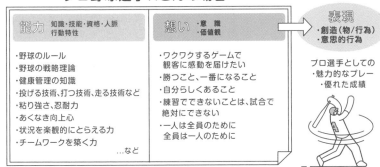

能力 知識・技能・資格・人脈 行動特性	想い ・意識 ・価値観
・野球のルール	・ワクワクするゲームで
・野球の戦略理論	観客に感動を届けたい
・健康管理の知識	・勝つこと、一番になること
・投げる技術、打つ技術、走る技術など	・自分らしくあること
・粘り強さ、忍耐力	・練習でできないことは、試合で
・あくなき向上心	絶対にできない
・状況を楽観的にとらえる力	・一人は全員のために
・チームワークを築く力	全員は一人のために
…など	

表現
・創造（物/行為）
・意思的行為

プロ選手としての
・魅力的なプレー
・優れた成績

～ 消防士Fさんの場合 ～

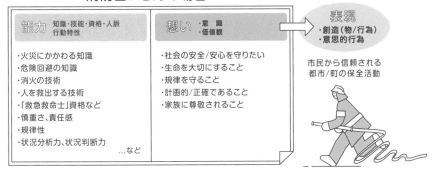

能力 知識・技能・資格・人脈 行動特性	想い ・意識 ・価値観
・火災にかかわる知識	・社会の安全/安心を守りたい
・危険回避の知識	・生命を大切にすること
・消火の技術	・規律を守ること
・人を救出する技術	・計画的/正確であること
・「救急救命士」資格など	・家族に尊敬されること
・慎重さ、責任感	
・規律性	
・状況分析力、状況判断力	
…など	

表現
・創造（物/行為）
・意思的行為

市民から信頼される
都市/町の保全活動

このようにどんな職業であっても、仕事をこなすための能力がいろいろと求められ、想いというものが必要になってきます。そしてこの2つがかけ合わさり、その職業にふさわしい、かつ、その人ならではの仕事表現が生み出されるわけです。

━ 能力と想いは両輪

能力と想いはクルマの両輪です。「能力があり、想いもある」のが理想状態です。そうなると、その人でしか表現できない独自のものが生まれ、仕事が「志事」になります。

ところが、「能力はあるけど、想いがない」とどうなるか。及第点のものは出てくるでしょうが、人を感動させるほどの表現は出てきません。仕事は給料をもらうための「処理すべき作業」になってしまうのです。

みなさんも経験はありませんか。例えばレストランに行って食事をしたときに、店員の応対や給仕に技術的な問題はないけれど、いかにも注文をさばいているというだけの仕事をされた場合などです。想いのない仕事というのは、どこか機械的で処理的です。

また、「想いはあるけど、能力がない」こともあります。この場合、生み出すものには不足があったり、未熟があったりします。が、その人に想いがある分、そこから何か伝わってくるものはあるでしょう。想いがあれば、その仕事は「挑戦・鍛錬」になります。

最後に、「能力もないし、想いもない」という場合。この組み合わせは最悪です。ここからは、手抜き・中途半端と思われるようなものが平然と出てきます。働き手にとって、仕事は「労役」以外の何ものでもないのでしょう。

「能力」を磨こう・「想い」を強く持とう

仕事の基礎部品 能力	×	仕事の軸 想い	→	なされる仕事 表現
能力がある		想いがある		その人でしか表現できない独自のものが生まれる。仕事が「志事」になる。
能力がある		想いがない		及第点のものは出てくるが、人を感動させるほどではない。仕事は「処理すべき作業」。
能力がない		想いがある		生み出すものには不足・未熟があるが、何かが伝わってくる。仕事が「挑戦・鍛錬」になる。
能力がない		想いがない		手抜き・中途半端と思われるようなものが平然と出てくる。仕事は「労役」。

■ 第一級の表現に触れることで意欲や動機がわく

　私たちがよりよく働き、よりよい仕事を生み出すために必要なことは何か——それは能力を磨き続け、想いを強め続けることです。

　「磨かれた能力×強い想い」からは、自然と優れた表現が生まれてきます。しかし、どんな能力を磨いていけばよいのか、どんな想いを持てばいいのかがわからない場合もあるでしょう。そんなときは表現からの逆算で考えてみることをおすすめします。

　すなわち、「世の中の優れた表現→自分が磨くべき能力×持つべき想い」です。世の中には優れた仕事・作品、偉業があります。そうした第一級の表現にどんどん触れてください。そこから刺激・啓発を受けることで、能力を身につける意欲や、想いを深め強める動機がわいてきます。

BE-Learning #8 日々の仕事の積み重なりが キャリア模様をつくる

━ 能力・想い・表現を硬直化させないために必要なこと

「仕事」と呼ばれるものには大小いろいろあります。「会議でアイデアを出す」のも仕事、「企画書をつくる」「クレーム処理する」のも仕事。ただし、こうした仕事は短時間でやる比較的小さな仕事です。

一方、仕事のなかにはある程度まとまった時間と労力が必要なものもあります。例えば「大型の商談をまとめる」とか、「来年度の事業計画を練って経営会議に提案する」といった仕事です。さらには、数年がかりの「巨大プロジェクトを成功させる」のように手ごわい仕事もあります。

そのように、私たちは日々大小の仕事をこなしていくことになるのですが、仕事の原型はやはり「能力×想い→表現」です。私たちは、よい仕事をしようと思えば、つねに─────

● 「能力」を習得・更新し ● 「想い」を磨き ● 自分らしい「表現」を追い求める

ことが必要になります。さてそこで、あなたは仕事のことだけに専念していれば、よい仕事ができるのでしょうか。

だれでも数年働いてみるとわかってくるでしょうが、ひごろの職場の世界、特に会社員の世界は狭いものです。そこだけに閉じていると、自分の能力や想いが硬直化してしまいます。必然的に自分が仕事成果として出す表現/アウトプット物も無難で月並みなものになっていきます。

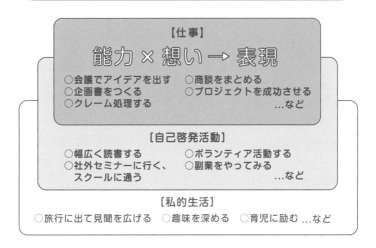

仕事以外のいろいろな活動が「仕事」を豊かにする

【仕事】

能力 × 想い → 表現

- ○会議でアイデアを出す　　○商談をまとめる
- ○企画書をつくる　　　　　○プロジェクトを成功させる
- ○クレーム処理する　　　　　　　　　　　…など

［自己啓発活動］

- ○幅広く読書する　　　　　○ボランティア活動する
- ○社外セミナーに行く、　　○副業をやってみる
  スクールに通う　　　　　　　　　　　…など

［私的生活］

- ○旅行に出て見聞を広げる　○趣味を深める　○育児に励む …など

　能力・想い・表現を硬直化させず、よい仕事を続けていくために必要なこと——それは仕事以外の活動も広げていくことです。

　そのひとつが、自己啓発の活動です。例えば、幅広く読書する、社外セミナーに行く、スクールに通う、ボランティア活動する、副業をやってみる、などです。

　よい仕事をする人は、だれに何を言われなくても、いろいろなことにクビを突っ込んで、自分を柔軟に広げ、深めています。お金がかかる活動もありますが、自腹を切って積極的に自己投資します。そうした活動の厚みがいやおうなしに仕事に反映されるのです。

そういった意味では私的生活の充実も大事です。旅行に出て見聞を広げたり、趣味を深めたり、育児に励んだり。こうしたことが直接的に業務に関連していなかったとしても、人間力を磨いたり、家族や社会の本質を洞察する機会になったりと、自分の仕事に活かせるヒントはたくさん引き出せるものです。

━ あなたはどんなキャリア模様を織っていくか

いずれにせよ、私たちは職業を持った日から、さまざまな仕事を世の中に差し出していく。過去→現在→未来という時間のなかで、能力と想いを掛け合わせ、表現を積み重ねていく。それはあたかも、河の水面を長く長く流れていく織物のようでもある。その織物はあなたの奮闘ぶりによって独自の模様を描き出します。

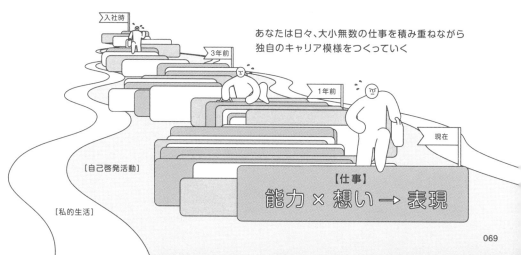

あなたは日々、大小無数の仕事を積み重ねながら
独自のキャリア模様をつくっていく

[入社時]
[3年前]
[1年前]
[現在]

[自己啓発活動]

[私的生活]

【仕事】
能力 × 想い → 表現

#9 ライスワーク・ライフワーク・ソウルワーク

━ 寓話『3人のレンガ積み』

私が企業の研修でよく紹介しているのが『3人のレンガ積み』という寓話です。中世ヨーロッパの町。建築現場に3人の男が働いていた。「何をしているのか?」ときかれ、それぞれの男はこう答えた。

「レンガを積んでいる」、最初の男は言った。

2番目の男が答えて言うに、「カネ(金)を稼いでいるのさ」。

そして3番目の男は、明るく顔を上げてこう言った──
「後世に残る町の大聖堂を造っているんだ!」。

外見上3人は同じ作業をしていますが、心のなかの意識はこれだけ違っていたという話です。すなわち、1番目の男は自分のやっていることに対し、何も考えていません。ただ指示されたことをやっているだけです。

　2番目の男は、生活費を稼ぐためには働かなきゃしょうがない、という冷めた意識が前面に出ています。それとは対照的に3番目の男は、自分が後世に残る神聖な場所づくりにかかわっていることの誇りや使命感を抱きながら作業にあたっています。

　目の前の作業にどんな意義や目的を与えながら働き続けるか、これはとても大きな問題です。心のなかのとらえ方ひとつで、人生のコースは大きく変わってきます。私はこの寓話の続編を勝手にこしらえてみました……

　　数年後、男たちはそれぞれ違う現場で働いていた。
　　働くことに対する目的の持ち方の違いが彼らの行き先の違いを生んだのだった。

　　1番目の男は、違う建設現場で相変わらずレンガを積んでいた。

　　2番目の男は、木材切りの現場でノコギリを手にして働いていた。
　　「カネを稼ぐためなら何でもやるさ。こっちのほうが日給がいいからね。でも作業ノルマがきついよ」。

　　3番目の男は、その真摯な働きぶりから町役場に職を得ていた。
　　「いま、水道計画を練っている。あの山に水道橋を造って、町が水で困らないようにしたい！」と言って働いていた。

■ ライスワークを超えていこうとする想いがあるか

　だれしも大きな資産がないかぎり、働いてお金を得なければなりません。働くことの理由の大部分は、生活費を稼ぐためです。それをここでは「ライスワーク」と呼びましょう。つまり、食うための米（＝ライス）を得る仕事です。

　ライスワークは決してわるいことでも、恥ずかしいことでもありません。この社会の荒波のなかで、1人の人間が自活して生きていく、ましてや家族を養っていくことは大変なことです。ライスワークとまともに向かい合う姿はむしろ尊いものです。

　ただ、よりよい人生・悔いのない人生というものを考えたときに、ライスワークの状態のみで終えてしまってよいものかという自問がわいてきます。つまり、どうせ働くなら3番目の男のように自分なりの大聖堂を見つけて、自分の能力と意志をそこに投じたいという想いです。

■ ライフワークやソウルワークを 　　つかむプロセス自体が面白い

　自分が何十年とやっていく仕事を単なる稼ぎ仕事にとどめず、「ライフワーク（＝生涯にわたって献身したい自分を開発してくれる仕事）」にしていく、そしてさらには「ソウルワーク（＝魂の叫びとして成し遂げたい仕事）」にしていく。そうした作業は、仕事を単発的にうまく処理することや儲けが出るように工夫することよりも、もっともっとむずかしい。

漫然と「やりがいのある仕事に出合わないかな」と受け身で待っているだけではだめです。ライフワークやソウルワークは、好奇心や責任感、貢献意欲、使命感を燃やし、目の前の仕事や環境に能動的にはたらきかけることの繰り返しでようやく手にできるものです。

とはいえ、社会人になりたてのころは、まずは目の前の仕事を一人前にこなせるようになることが肝心です。あせる必要はありません。仕事という大地から何を掘り起こせるのか、ライスワークを超えて、ライフワークやソウルワークをつかむプロセス自体がキャリアの醍醐味でもあるのです。

あなたのキャリアは「地盤を整える」だけで終わってしまうのか。
あなたにとって「大聖堂を建てる」とは何なのだろう？

自己開発・志の営み
〈大聖堂を建てる〉

ソウルワーク
魂の叫びとして成し遂げたい仕事

ライフワーク
生涯にわたって献身したい自分を開発してくれる仕事

生命・生活維持の営み
〈地盤を整える〉

ライスワーク
コメを得る＝生計を立てるための仕事

働くことは「チャンス」のかたまり

━ 日本一の下足番になってみろ

阪急グループを創設した小林一三は次のような名言を遺しています━━━

> 「下足番を命じられたら、日本一の下足番になってみろ。
>
> そうしたら誰も君を下足番にしておかぬ」。

豊臣秀吉が織田信長の下足番からのし上がり、ついには天下を取った話は有名です。小林は著書『私の行き方』の中でこう解説しています。

> 「太閤（秀吉）が草履を温めていたというのは決して上手に信長に取り入って天下を取ろうなどという考えから技巧をこらしてやったことではあるまい。技巧というよりは草履取りという自分の仕事にベストを尽くしたのだ。

> うまや廻りとなったら、うまや廻りとしての仕事にベストを尽くす、薪炭奉公となったらその職責にベストを尽くす。どんな小さな仕事でもつまらぬ思われる仕事でも、決してそれだけで孤立しているものじゃない。必ずそれ以上の大きな仕事としっかり結びついているものだ。

仮令つまらぬと思われる仕事でも完全にやり遂げようとベストを尽くすと、必ず現在の仕事の中に次の仕事の芽が培われてくるものだ。そして次の仕事との関係や道筋が自然と啓けてくる」。

つまるところ、下足番のままとどまるのも、それを突き詰めて次の大きなステップにつなげていくのも、その分かれ目は本人の心持ちと行動のなかにあるということです。

━ あらかじめ「楽しい仕事」があるのではない

いま会社員をやっているみなさんは、あるとき就職活動をして、いまの会社に入ったわけです。その会社は第一志望のところだったかもしれませんし、下位の志望だったかもしれません。あるいは、志望にかかわりなく、とにかく採ってくれた会社であったりしたかもしれません。しかし、だからといって、引け目を感じることも、第一志望で入った人たちをうらやむこともありません。ほんとうの勝負は、そこから5年、10年、20年の期間をかけてやっていくものです。

入った会社がどこであれ、任された仕事のなかからいろいろな機会を引き出し、その仕事をつくり変え、その仕事によって未知の自分を開発していく。そして自分だけのキャリア物語を織り上げていく───これがの勝負です。

あらかじめ「楽しい仕事」があるのではない。
その仕事に「楽しさ」を見出せる人間がいるだけだ。

逆にこうも言えるでしょう。

「つまらない仕事」はない。
その仕事を「つまらない」と解釈している人間がいるだけだ。

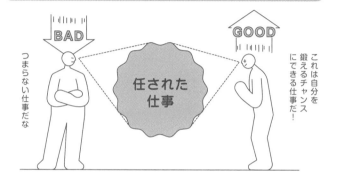

つまらない仕事はない。
仕事がつまらないと解釈している人間がいるだけ。

　そもそも10代、20代というのは自分の職業能力がどうあって、何に向いているかなどはわからないものです。みなさんはおそらく就活時に、「自己分析ツール」なるもので自分のタイプを判別するでしょう。が、そうした結果はその人間のごく一部しか表しません。あなたという可能性がそんなツール診断だけで判定されてしまうほど、単純で固定化されたものでしょうか。あなたの可能性は、もっと複雑で柔らかく、無限定のものです。

　特に職業能力というのは、いろいろと業務を経験するなかで顕在化してくるものです。むしろ想定外の仕事を任され、そこでもがいた結果、未知の能力と出合ったという事実も多いのです。

━ 宝くじで10億円当たったら人は働くことをやめるか!?

　いずれにせよ、仕事はチャンスのかたまりです。仕事をプリズムにかけてみると、そこには実に多くの機会が隠されていることがわかるでしょう。

　仕事は─────
　　○ 生計を立てるための「**収入機会**」であることはもちろん、
　　○ 自分の可能性を開いてくれる「**成長機会**」
　　○ 何かを成し遂げることで味わう「**感動機会**」
　　○ さまざまな人から影響を受ける「**触発機会**」
　　○ 知識や技術などを身につける「**学習機会**」
　　○ 自分を社会に役立てる「**貢献機会**」
　　○ カラダとアタマを使い鍛える「**健康増進機会**」
　　○ あわよくば一攫千金を手にすることもある「**財成機会**」
　になりえます。

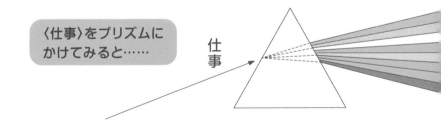

〈仕事〉をプリズムにかけてみると……

仕事

　ここでひとつ極端な質問をしましょうか。もし、あなたがいま、宝くじで10億円当ったとしたら、あなたは働くことをやめるでしょうか———？

　おそらく多くの人は働くことをやめないでしょう。なぜなら、仕事（働くこと）は言ってみれば、人生を健やかに生きるすべての機会を含んでいる「完全栄養食」のようなもので、人間は自然とそれを求めるからです。仕事のない生活は、1年や2年の間は気楽でいいなと思えるかもしれません。しかし、そうした生活にだんだんもの足りなさを感じてくるでしょう。

　遊びなどの娯楽活動やショッピングなどの消費活動、何かを集める所有活動は、人生において必要不可欠です。しかし、それらの活動ではけっして得られない喜びや誇り、境地といったものがあります。仕事（働くこと）をなくした人生がどこか空虚なものになるのは、そうした理由からです。

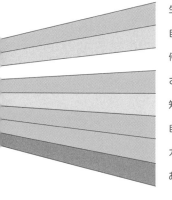

生計を立てるための **収入機会**

自分の可能性を開いてくれる **成長機会**

何かを成し遂げることで味わう **感動機会**

さまざまな人から影響を受ける **触発機会**

知識や技術などを身につける **学習機会**

自分を社会に役立てる **貢献機会**

カラダとアタマを使い鍛える **健康増進機会**

あわよくば一攫千金を手にすることもある **財成機会**

〈あり方〉から考え学ぶBE-Learning

第3限

「能力」ってなんだ？

#11 職業人能力

━ 職業人としての能力〜7つの要素

　社会人になる前、学校に通っている間の人生は言ってみれば「学業人生」というものです。学校で基礎的な学力を身につける、そして多少専門的な研究に発展させていく、それが本業です。そしていよいよ就職します。そこからは「職業人生」というものが始まります。ある職業に就いて、行うべき職務を遂行し、報酬を得ていくために必要な力が「職業人能力」です。

　一職業人として仕事をやっていくために必要な能力は下図のように複合的にいろいろなものがあります。それがどんなものかみていきましょう。

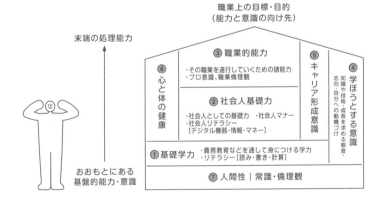

━職業人として仕事をやっていくために必要な能力

職業上の目標・目的
（能力と意識の向け先）

末端の処理能力

③ 職業的能力
・その職業を遂行していくための諸能力
・プロ意識、職業倫理観

⑥ 心と体の健康

⑤ キャリア形成意識

④ 学ぼうとする意識
知識や技術・成長を求める態度・志向、自分への動機づけ

② 社会人基礎力
・社会人としての基礎力　・社会人マナー
・社会人リテラシー
　[デジタル機器・情報・マネー]

① 基礎学力
・義務教育などを通して身につける学力
・リテラシー[読み・書き・計算]

⑦ 人間性｜常識・倫理観

おおもとにある
基盤的能力・意識

①〈 基礎学力 〉

　読み・書き・そろばん（計算）に始まり、ものを調べる、考える、判断する、知識を体系的に理解するなどの基礎レベルの力。社会で自立的生活を送っていくために最低限必要となる学力をいいます。

②〈 社会人基礎力 〉

　就く職業にかかわらず、社会人として職場や地域社会でさまざまな人たちと協働していくために必要な基礎力です。例えば、経済産業省はこれを次のように3つのグループ・12の要素に分けてとらえました。

経済産業省が提唱する社会人基礎力

1 前に踏み出す力 [アクション]
- 主体性：ものごとに進んで取り組む力
- 働きかけ力：他人に働きかけ巻き込む力
- 実行力：目的を設定し確実に行動する力

2 考え抜く力 [シンキング]
- 課題発見力：現状を分析し目的や課題を明らかにする力
- 計画力：課題の解決に向けたプロセスを明らかにし準備する力
- 創造力：新しい価値を生み出す力

3 チームで働く力 [チームワーク]
- 発信力：自分の意見をわかりやすく伝える力
- 傾聴力：相手の意見を丁寧に聴く力
- 柔軟性：意見の違いや立場の違いを理解する力
- 情況把握力：自分と周囲の人々やものごととの関係性を理解する力
- 規律性：社会のルールや人との約束を守る力
- ストレスコントロール力：ストレスの発生源に対応する力

　社会人基礎力としては他にも、社会人マナーや社会人リテラシー（例えば、デジタル機器を扱う力、情報を適切に扱う力、お金を理解し適切に扱う力）を加えてもいいでしょう。

3 〈 職業的能力 〉

　特定の職業に就き、その分野の業務をこなし、成果を生み出す専門的能力をいいます。いわゆる「プロの仕事」と呼ばれるものは、この部分の能力から生み出されます。

　業務をこなす知識や技能がかなり細分化されている今日、職業的能力はそれぞれの職場で直接的・実務的に教育されます。これを「OJT（オン・ザ・ジョブ・トレーニング、略称オー・ジェー・ティ）」といいます。

　しかし、それだけでは不十分なところがあり、職場を離れて研修を受けたり、学校に通ったりする形で学ぶこともあります。これを「Off-JT（オフ・ザ・ジョブ・トレーニング、略称オフ・ジェー・ティー）」といいます。

　そのように職業的能力は、職場で具体的・効果的な技を磨くことと、現場を離れて俯瞰的・体系的な知識を得ることの往復で高まっていきます。

4 〈 学ぼうとする意識 〉

　能力は意識と不可分なところがあります。いろいろなことに好奇心を持って学ぼうとする態度・志向・自分への動機づけは、能力習得のために重要なものです。

5 〈 キャリア形成意識 〉

　日々、漫然と働くのではなく、意志的な連続性・目的観を持って仕事に取り組んでいく。その中長期の流れから逆算して、いまどんな能力を身につけたらよいかを考えていく。そうしたキャリア形成の心構えは、職業人として重要な能力のひとつです。

⑥〈 心と体の健康 〉

　健康であるというのは能力を習得し、発揮するうえで重要な条件です。たとえ100万人に1人の才能の持ち主でも、健康を害してしまえば、それは発揮できません。また、健康であればこそ、意識も鋭敏になって能力をさらに磨いていくことができます。

⑦〈 人間性｜常識・倫理観 〉

　職業人としての能力の基盤にあるものは、人間性、常識・倫理観です。人それぞれに人間性があります。また、それぞれに常識・倫理観の満ち具合や欠け具合、偏りがあります。まさにそれらの違いが各人の能力の個性となって表れます。

　職業人として必要な能力というと、例えば、事業戦略を練る思考力とか、市場や顧客の動向を分析するマーケティング能力、経営数値を扱う財務の知識、AI（人工知能）のシステムを構築するスキルなどを思い浮かべる人が多いかもしれません。

　これらは先の図では3番目の〈職業的能力〉に分類されるものです。確かにこういった能力は重要ですが、それは末端の細分化されたもので、職務を遂行する能力の一部でしかありません。こうした末端の能力をしっかりと発揮するためには、その奥や根っこにあるほかの能力や意識をしっかりと養わなければなりません。人間の能力はそのように複雑にからみ合っているものです。ましてや、キャリアという一大物語を組み上げるためには人間全体の総合力が必要です。

データ・情報・知識・知恵・英知

━ 人間の能力には「厚み」がある

　人間の能力はほんとうに奥深いもので単純にとらえることはできません。そのなかでも特に「おおもとの力」と呼ぶべき能力——例えば、しる力、みる力、きく力、考える力など——には、厚みがあります。あなたがどんな厚みでその能力を使うことができるか、これが重要な問題となります。

　すなわち、「しる」といっても、少し情報をかじって知っているという状態から、本質的な原理を深く智っている状態まで厚みがあります。

　同様に、「みる」といっても、ただ表面を見てこうだったああだったとつかむレベルから、目に見えない部分まで洞察して観るレベルまで厚みがあります。

　こうした能力の厚み（深さといってもいいでしょう）について、「しる」を例にとって考えてみましょう。

━━「データ断片を持つ」から「賢慮を湛える」まで

「しる」ことは人間のもっとも重要なインプット的能力の一つです。「しる」とは、事象（身の回りで起こる出来事とその様子）や経験を、データや情報といった形にして自分のなかに取り込むこと。そしてそれらをもとにものごとを理解・判別する体系をつくりあげること。さらには道理にかなった賢明な処し方を生み出すこと、をいいます。

「しる」ことは図のように段階的に変容していきます。「しる」は一般的には「知る」と書きますが、意図的に漢字を当てるなら、「知る」「識る」「智る」というように分けてとらえることができます。

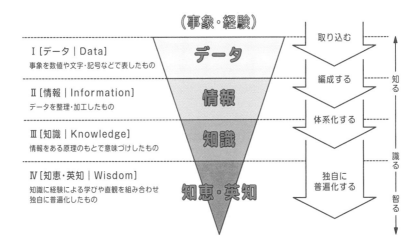

「データ」から「英知」への深化

（事象・経験）

Ⅰ［データ｜Data］ 事象を数値や文字・記号などで表したもの	データ	取り込む	知る
Ⅱ［情報｜Information］ データを整理・加工したもの	情報	編成する	
Ⅲ［知識｜Knowledge］ 情報をある原理のもとで意味づけしたもの	知識	体系化する	識る
Ⅳ［知恵・英知｜Wisdom］ 知識に経験による学びや直観を組み合わせ 独自に普遍化したもの	知恵・英知	独自に 普遍化する	智る

「しる」ことの段階的変容

しっている [Ⅰ]	**データ**	データを自分の内に取り込んでいる。	頭で断片的に処理される作業
しっている [Ⅱ]	**情報**	情報を自分の内に取り込んでいる。	
しっている [Ⅲ]	**知識**	知識を自分の内に取り込んでいる。 【知識】物事を判別する合理体系の網。 　　　あるいは、その網に乗せてつかんでいる内容 【博識】物事を判別するための網が広い 【見識】物事を判別する網にしっかりとした方向性がある 【良識】物事を判別する網の方向性が健全である	
しっている [Ⅳ]	**知恵・英知**	知恵・英知を自分の内に湛えている。 理を悟り、そこから深い知をわかせることができる。 【知恵】物事の本質をとらえ、賢く対処する心のはたらき 【英知】優れた知恵 【叡智】知恵が正しく極まったもの。徳性の結晶知	頭だけでなく、心を含む統合的なはたらき

　段階Ⅰ・段階Ⅱでの「しっている」は、単にデータや情報を自分の内に取り込んでいるというだけのものです。

　ところが段階Ⅲにおける「しっている」は、それを合理的な体系のもとで知識として取り込んでいるのでより深いといえます。ちなみに、自分の内で構築したその合理的体系が「識」と呼ばれるもので、網のようなイメージでとらえるとよいかもしれません。

　段階Ⅳの「しっている」は、独自の普遍化から理を悟り、そこから深い知恵をわかせることができる状態です。頭だけでなく、心を含んだ統合的なはたらきになります。

━ どれだけの厚みでものごとをしろうとするか

このように「しる」ことには段階があります。浅いところの「知る」は、データ・情報の断片を持つか持たないかという「have」的なレベルです。そこから一段深い「識る」は、人間を合理的な方向に動かす作用があります。すなわち「do」的な影響を及ぼすものです。

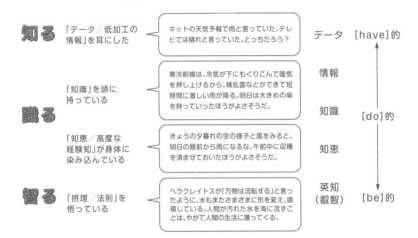

「しる」ことには厚みがある

知る 「データ/低加工の情報」を耳にした — ネットの天気予報で雨と言っていた。テレビでは晴れと言っていた。どっちだろう? データ [have]的

識る 「知識」を頭に持っている — 寒冷前線は、冷気が下にもぐりこんで暖気を押し上げるから、積乱雲などができて短時間に激しい雨が降る。明日は大きめの傘を持っていったほうがよさそうだ。 情報 知識 [do]的

「知恵/高度な経験知」が身体に染み込んでいる — きょうの夕暮れの空の様子と風をみると、明日の昼前から雨になるよう。午前中に収穫を済ませておいたほうがよさそうだ。 知恵

智る 「摂理/法則」を悟っている — ヘラクレイトスが「万物は流転する」と言ったように、水もまたさまざまに形を変え、循環している。人間が汚れた水を海に流すことは、やがて人間の生活に還ってくる。 英知（叡智） [be]的

「知識は力なり」とフランシス・ベーコンは有名な言葉を発しました。彼は自然界に起こる事象の因果関係をきちんと理をもって解明すること（=知識）によって、自然を実利的に活用できる（=力を生む）と主張したわけです。ラテン語の「知識=scientia」は、現代英語の「科学=science」の語源にもなっています。

もっとも深い「智る」レベルになると、そこは「be」的なレベルになります。すなわち、自分や社会が「どうありたいか／どうあるべきか」という目線からものごとをしろうとする態度になります。

　そうした態度からわいてくる英知（叡智）はその人をあるべき方向へと導きます。ある場面では、科学的・合理的な答え（＝知識）とは異なる判断を自分に仕向けることさえ起こりえるでしょう。

　「しる」力が優れた人というのは、必ずしも情報や知識を多量に持っている人ではありません。むしろそこだけに留まるなら、それは「しる」力の薄い人です。

　獲得した情報や知識を地盤としながら、ものごとをいっそう深い次元で智ろうする、「あり方」の追究からわき出してくる英知のもとに生きる、そうした人が「しる」力が厚い人といえるでしょう。

　これまでみなさんは受験社会と呼ばれる環境で育ってきました。試験でよい点を取るための情報や知識をたくさん記憶した人が有利だったかもしれません。しかしこれから職業を持って、いろいろな製品・サービス・事業を担当することになると、単に情報や知識の記憶力だけでは、うまく解決できない問題がどんどん出てくるでしょう。

　人間や社会を「どんな厚みでしろうとするか」という力が問われます。

BE-Learning #13 「〜ができる」と「成果が出せる」は別物

■「知識・技能」そして「行動特性」という能力

仕事の能力というと、「●●の専門知識をたくさん持っている」とか「●●を処理できる高度なスキルを持っている」とか、知識や技能に目がいきがちです。しかし、行動特性はそれに劣らず重要な能力です。なぜなら、知識・技能を仕事上の成果に結び付けられるかどうかは、行動特性にかかっているからです。

行動特性とは、その人がものごとをどう行うか、どう考えるかの傾向性、パターン、クセといってよいでしょう。その点をイメージしやすいように図を描いてみましょう。下の3層ピラミッド図がそれです。

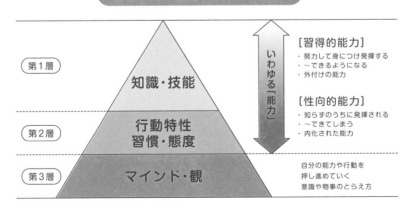

能力と意識を3層でながめる

第1層　知識・技能

第2層　行動特性　習慣・態度

第3層　マインド・観

いわゆる「能力」

[習得的能力]
・努力して身につけ発揮する
・〜できるようになる
・外付けの能力

[性向的能力]
・知らすのうちに発揮される
・〜できてしまう
・内化された能力

自分の能力や行動を
押し進めていく
意識や物事のとらえ方

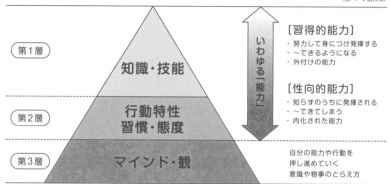

1番上にくるのは「知識・技能」です。ネットを検索して情報を得る、専門書や実務書を読んで知識をつける、セミナーや研修を受けて技能を身につける。そうした「習得的能力」が第1層です。

2番目にくるのが「行動特性」です。例えば、責任感が強いとか、発想に柔軟性があるとか、時間を守るといったような傾向性です。これらとは逆の、責任を持ちたがらない、発想がざっくりしている、時間にルーズといったような傾向性もまた行動特性です。

この第1層と第2層がいわゆる能力です。しかし第1層が習得的であるのに対し、第2層に下りていくにしたがい性向的なものになっていきます。言い換えると、部品的に外付けする能力と、自分の特性として内化していく能力との違いです。

そして最下部にくるのが「マインド・観」です。自分の能力や行動を押し進めていく意識やものごとのとらえ方になります。これについては第4限の「想いって何だ？」でくわしくやります。

■■「行動特性＝第2層」がわるければ成果に結び付かない

　仕事とは「能力をさまざまに組み合わせて、表現（成果）を生み出す活動である」としたとき、第1層と第2層の関係がどうなっているかを示したのが次の図です。

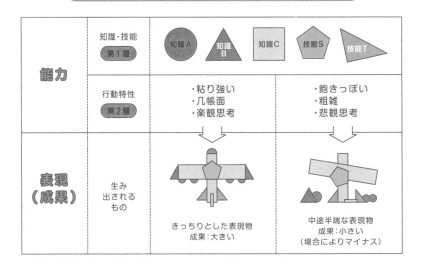

　第1層の知識・技能はあくまで素材部品です。それをどんな具合に組み合わせ、成果物に仕上げるかは第2層の行動特性が握っています。外付けで持つ習得的能力は、内化された性向的能力の支配下に置かれるといってもよいでしょう。

例えば、ここにコンピューターシステムについての専門知識があり、プログラムを組める技能を持ったAさんとBさんがいるとしましょう。

　Aさんの行動特性は「粘り強く取り組む」「几帳面で仕事がていねい」「楽観思考」です。Aさんはこれらの特性が知識・技能と組み合わさり、信頼度の高いシステムをつくることができます。周囲からも成果の出せる人として認められています。

　他方、Bさんの行動特性は「飽きっぽく集中力がない」「仕事が粗雑」「悲観思考」などです。これらの特性は当然、知識や技能の発揮に影響を与え、その結果、彼の納品物にはいつもクレームが多く発生しています。そのためBさんは、いわゆる成果が出せない人になっています。

　このように「〜ができる」と、「成果が出せる」は別物です。知識や技能はあくまで仕事をする上での素材です。それを生かすも殺すも行動特性しだいです。

　行動特性には、成果を生みやすいものとそうでないものがあり、前者を「コンピテンシー」と呼ぶことがあります。行動特性に興味がある人は、ネット検索で「コンピテンシー」を調べてみるといいでしょう。

BE-Learning
#**14** 「習慣」の力

━━ 習慣は知らずのうちに人生に大きな影響を及ぼす

習慣は日常の反復的な行動です。それはたとえ小さな行動であっても、長い間積み重なることで、あたかも生まれつき持ってきたかのような性向として固まってきます。習慣が「第二の天性」と言われるゆえんです。

習慣は、自分自身にさほど大きな心的負担をかけないにもかかわらず、結果的に生活・人生に強い影響を及ぼします。ですから、どんな習慣をつくるかというのはひじょうに大事なことなのです。

習慣は下図のように、天性と努力の中間に位置します。

習慣は「天性」的なものでもあるし「努力」でもある

天性	習慣	努力
・遺伝的な性格や能力特性 ・出自の環境	（第二の天性）	・学習 ・熟慮と決断 ・果敢な行動 ・反省

● 先天的＝もはや変えられない
● 無意識のうちに生活・人生に作用してくる

● 後天的＝「いま・ここ」から変えられる
● 意図を持って生活・人生に作用させる

天性は先天的に受けるもので、もはや変えられません。そして天性は、自分が無意識のうちに生活や人生に作用してきます。他方、努力は後天的に「いま・ここ」から自分で意図的に変えていけるものです。

　習慣はこれら両方の性質を持つことが重要な点です。すなわち習慣は、なかば天性のように自分に定着している性向・行動・態度・姿勢ですから、知らず知らずのうちに人生に影響を与えることができます。
　同時に習慣は、努力の一部、技術の一部ですから、意志を持って取り組めば、自分をそう仕向けることが可能です。そこには、まったく新しい第二の天性を後天的につくることができるという希望があります。

■ 行動の4割は習慣

　「自分には習慣はない」という人でも実際は、無意識のうちにお決まりの考え方、お決まりの行動で済ませる部分がかなりあります。米国のある大学の論文によると、毎日の人の行動の40パーセント以上が、その場の決定ではなく、習慣だといいます。

　その意味で、私たちは四六時中、習慣という「衣（ころも）」をまとい、生活を回していると言っていいかもしれません。
　そうした「衣」ともいうべき習慣は、内側には自分の心と、そして外側には環境や運命とつながっています。それを表現した古人の言葉を紹介しましょう───

心が変われば、行動が変わる。
行動が変われば、習慣が変わる。
習慣が変われば、人格が変わる。
人格が変われば、運命が変わる。

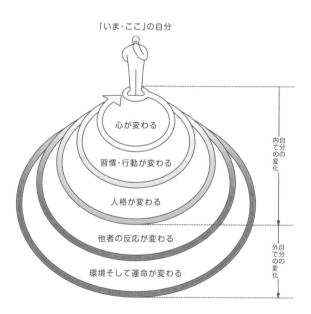

私たちは、環境や運命は変えるには大きすぎると感じるときがあります。しかし、「いま・ここ」の自分の心は、習慣を介して、環境や運命と地続きです。習慣は、能力としては意識されない小さくて静かな運動ですが、偉大な力を発揮する運動です。

習慣によって、いわば第二の天性がつくられる。

―キケロ（共和制ローマ期の政治家）
『善と悪の究極について』

習慣として身についているものは、
事実上、持って生まれついたのと同じようなものになっている。

―アリストテレス『弁論術』

習慣は太い縄のようなものだ。毎日1本ずつ糸を撚り続けると、
やがてそれは断ち切れないほどのものになる。

―ホーレス・マン（米国の教育改革者）

習慣を自由になし得る者は人生において多くのことを為し得る。
習慣は技術的なものである故に自由にすることができる。

―三木清『人生論ノート』

人とつながる力

━ 就職後は会社・仕事関連の人とのつながりが 一気に広がる

「人間は社会的動物である」と言われるとおり、私たちの生活・人生は人間関係抜きでは語ることができません。いま、あなたはいったいどれくらいの他者とつながり合って生きているでしょうか。例えば、手元のスマートフォンに何人の連絡先が登録されているか。それだけをみても、自分は少なからずの人たちとつながっていることがわかります。

大学生までの人とのつながりというのは、親族にはじまり、おおよそ学校関連の教員や友だち、趣味活動の仲間、ネット上で知り合った仲間、アルバイト先会社の社員さん、そんな範囲だと思います。

ところが社会人となって職業を持つと、ここに会社・仕事関連の人が一気に加わることになります。会社組織に入れば、上司や先輩社員、同期入社者、取引先、お客様など、いろいろな人との出会いや付き合いが生じてきます。

━ 人はいくつもの「人間関係の網」のなかで生きている

私たちはいくつもの「関係網（かんけいあみ）」のなかで生きています。そうした関係網は、「共有するものが何か」をみていくことによって分類ができそうです。

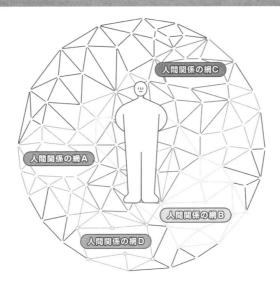

人はいくつもの「人間関係の網」のなかで生きている

人間関係の網C

人間関係の網A

人間関係の網B

人間関係の網D

　まずは、「外的要素でつながる網」。出身学校や出身地を同じくする同窓会や県人会ネットワークがこれです。

　次に「興味でつながる網」。同じ趣味を楽しむ同好会や、同じ音楽アーティストを愛するファンクラブなど、知的な関心事を共有するつながりがあります。

　「利でつながる網」もあるでしょう。勤務先や取引先など仕事がらみで付き合う人たちは、おおむね利を共有する関係です。そこから損得勘定抜きに一人間どうしとして信頼を共有できる関係になれば、それは「信でつながる網」といえます。

さらには、精神的な方向性が強く同調して、高邁な目標を同じくする関係になったとき、「志でつながる網」というものが形成されます。何かをきわめようとするプロジェクトチームやボランティア活動の集まり、師と弟子たちにおけるつながりがそうです。

そして忘れてならないのが「血でつながる網」。親や兄弟、親族など生物的に同じ血を共有するつながりです。

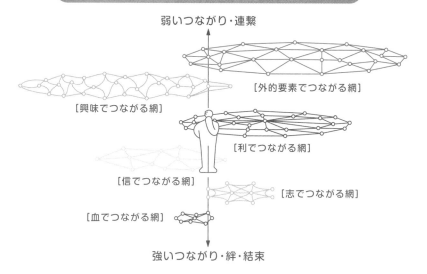

それは何を共有することでつながる網だろう？

弱いつながり・連繋

［外的要素でつながる網］

［興味でつながる網］

［利でつながる網］

［信でつながる網］

［志でつながる網］

［血でつながる網］

強いつながり・絆・結束

これらさまざまな人間関係の網は、自分にとって大事な環境であり、資産です。これらについてもう少し詳しくみていきましょう。

━ 人脈力──社内外から適材を連れてくる力

　担当業務をこなし、成果を上げるためには能力が必要です。しかし、その能力を何から何まで自分で身につける必要はありません。人はそれぞれに得意・不得意がありますし、年齢を重ねるとともに身体的に習得するのが難しくなってくる能力もあるからです。

　そこで重要になってくるのが、自分ができないことは「人を動かす」「できる人を連れてくる」という考え方です。ある目的や課題に応じ、それを実現・解決させるために適当な才能を持った人を社内外から連れてくる力───これが「人脈力」です。

　例えば、「K社へのアプローチは、●●さんを通せば早くなるぞ」「あの件は●●さんにきけば教えてくれそうだ」「新製品のPRには、X大学の●●先生に推薦文を依頼してみよう」のように。

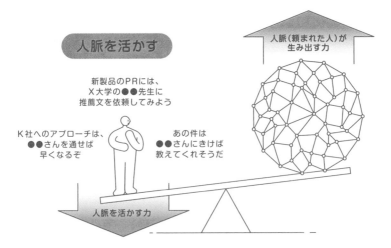

職業人として人脈力があるとは、ただ単に付き合いが広いというのではなく、何かあったときに「きける人」「何とかしてくれる人」を探し当て、起用できる力です。と同時に、依頼を受けた人が「この人から頼まれたのだから協力してあげよう」と思わせるような信頼が本人にもなくてはなりません。

人脈をつくり、活かす力は「テコ」のようなものです。自分ですべてを処理するよりも、何倍も大きな効果を生み出すことが可能です。

━ 人脈に活かされる

人脈は活かすだけではありません。自分が人脈に活かされることも忘れてはいけない点です。

あなたが人脈を広く保っていると、「この件はあなたに相談するのが一番早いと思って」と頼られたり、「●●の立場で、新規プロジェクトを手伝ってくれませんか」とか、「スタートアップ企業の創業メンバーとして加わりませんか」と誘いを受けたりするでしょう。それはあなたの能力やキャリアを押し上げるチャンス（機会）になります。

ビジネスパーソンの間では、よく「チャンスは人が連れてくる」という表現が交わされます。それほど人脈づてにもらうチャンスによって、多くの人が成長・飛躍の転機をつかんでいるということでもあるのです。

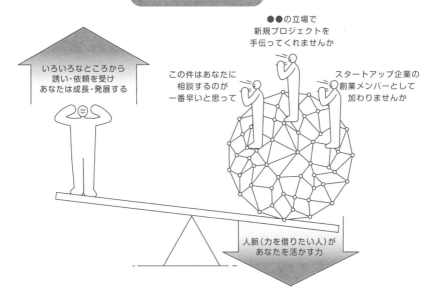

人脈に活かされる

●●の立場で
新規プロジェクトを
手伝ってくれませんか

いろいろなところから
誘い・依頼を受け
あなたは成長・発展する

この件はあなたに
相談するのが
一番早いと思って

スタートアップ企業の
創業メンバーとして
加わりませんか

人脈（力を借りたい人）が
あなたを活かす力

　人脈力を強めるためには、ふだんから人間関係の網を多重に持ち、広げておくこと。そして、共通の関心事によって適度に人を引き寄せておくこと。そして何より、よい仕事をして、あなたが職業人として信頼されることです。

第4限

「想い」ってなんだ?

BE-Learning #16 「想い」が人生・キャリアの舵を切っていく

━ キャリアをつくっていく4要素〜3層＋1軸

授業#13『「〜ができる」と「成果が出せる」は別物』で、能力と意識を3層のピラミッドでながめる図を紹介しました。きょうはそこからさらに深掘りをします。その3層に1つの軸（＝志向軸）を加えたのが下図です。これら3つの要素は仕事を成すうえで、また、キャリアをつくっていくうえで欠かせないものになります。

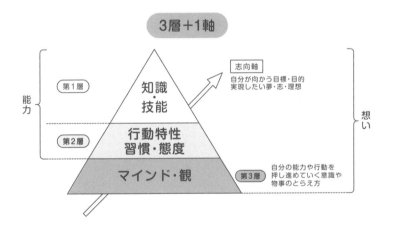

第1層と第2層がいわゆる「能力」です。その能力は第3層とつながっており、能力の発揮は意識と不可分であることを学びました。

そして私たちは何かしらこれら３つの層を形成しながら、どこかに向かおうとします。例えば、今日中に企画書を仕上げなくてはいけないとか、半年にわたるプロジェクトを成功に導こうとか、そうした業務課題や達成目標がこの志向軸の表すところです。志向軸はもっと中長期目線で言えば、夢や志、実現したい理想も含まれます。

そして、この第３層と志向軸が「想い」というものです。

■ 第3層は人生・キャリアの大舵

第１層の知識・技能は仕事をするうえで素材・部品のようなものです。そしてそれをどう組み合わせて表現や成果を出すか。そこに影響を与えているのが第２層の行動特性や習慣・態度でした（授業#13参照）。下図を使ってさらにみていきましょう。

能力・表現をつかさどるのは第３層と志向軸

能力	知識・技能 第1層	知識A　知識B　知識C　技能S　技能T	
	行動特性 第2層	・粘り強い・几帳面・楽観思考	・飽きっぽい・粗雑・悲観思考
表現（成果）	生み出されるもの	きっちりとした表現物 成果：大きい	中途半端な表現物 成果：小さい （場合によりマイナス）
想い	観・志 第3層 志向軸	さて、その飛行機（表現）をどこに向けて飛ばすか……？	

まず、あなたは第1層にいろいろな知識や技能を持っています。「知識A」「知識B」「知識C」「技能S」「技能T」など。

同時にあなたには行動のクセ（＝傾向性）や思考のクセがあります。例えば第2層として、「粘り強い」「几帳面」「楽観思考」などの行動特性を持っている。するとそれらが第1層と組み合わさって、きっちりとした表現物（成果）を出すことができる。図で言えば、飛行機をつくろうと思えば、きっちりとした飛行機ができあがる、という具合です。

しかし、行動特性として「飽きっぽい」「粗雑」「悲観思考」といったものを持っていると、いくら第1層の知識・技能のレベルが高くても、成果としては中途半端なものしか出せない。

そうした意味で、第2層の行動特性というのは、自分が生み出すもののできばえを左右する中舵のようなものです。

しかし、第3層のマインド・観やそれによって生じる志向軸はもっと大きな方向づけをします。人生・キャリアを決定づける大舵といってもよいでしょう。

■ 自分の能力を何に向けて発揮するか

ではここで、架空ではありますが1人のモデルケースで考えてみます。

―――M氏は優秀な生物化学の研究者である。M氏の母国ではいまだ民族間の血みどろの争いが絶えない。彼は幼いころに、敵対勢力の爆弾攻撃によって両親や

兄弟をみな亡くしている。内戦孤児となったM氏は難民として先進国に受け入れられ、その後、猛勉強して博士号を取得、現在に至っている。

いま、M氏の心のなかには研究者として2つの針路が交錯している。1つは、生分解性プラスチックの開発に携わって環境問題に寄与したいという意志。もう1つは、生物兵器の開発に携わり、母国で勢力を広げるあの憎き敵民族に報復したいという意志……。

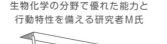

彼が根底で持っている「観」によって行き先が決まる

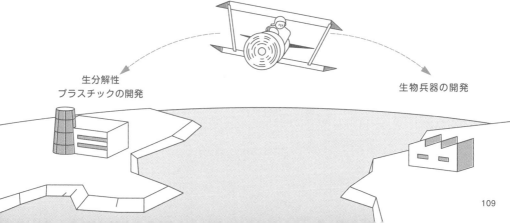

生物化学の分野で優れた能力と
行動特性を備える研究者M氏

生分解性
プラスチックの開発

生物兵器の開発

さて、M氏が第1層、第2層で持っている能力要素はきわめて優秀です。成果がどんどん出せる研究者です。その彼がいま、大きな分岐点にいます。

　彼ははたしてみずからのキャリアの行き先として、生分解性プラスチック開発の方向に舵を切るでしょうか、それとも、生物兵器の開発に舵を切るでしょうか。それを決めるのは第3層であり、そこから生じる志向軸です。つまり「想い」です。

　「想い」というのは、第3層で持つ世界観、平和観、歴史観、人間観、死生観、職業観によってつくられます。想いが煮詰まると「信念」になります。人は信念のために生き、信念のために死ぬことができる動物です。それほどまでに第3層の内容は人間を強力に動かし、その人の一生を劇的に変えてしまうものです。

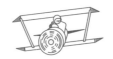

BE-Learning #17 「見る」と「観る」

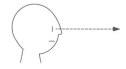

━「想う力」は「みる力」とつながっている

「想い」を持つことは人間にとって、とても重要なことです。想いとは意志的展望であり、希望であり、誓願です。人間を動かす強力なエネルギーです。想いを持たない人間は、もはや生理的な反応だけで生きながらえる生物にしかすぎません。

きょうの授業では、「想いの質」について考えてみたいと思います。

そう、想いには質の差があります。この質の差は、想いが自分のなかのどの深さから出ているかによって生じるものです。

つまり、なんとなく気分的に「こうしたいな」という程度の想いなのか、それとも、確固たる信念のもとに「自分はこうありたい」と肚を据えている想いなのか。そのように想いには、生じているレベルが「浅い／深い」の差がありますし、厚みついても「薄い／厚い」の差があります。

だれしも望ましいのは、「深いところから生じる、厚みのある」想いを持つことですが、そのために必要なことは何か？───それは「みる力」を養うことです。

では、「想う力」が「みる力」とどうつながっているのかをみていきましょう。

■ 外側の様子を単に「見る」・内側にある本質を「観る」

　「みる」は一般的な意味では「目でものごとの様子をとらえる」ことです。私たちは毎日の生活で実にたくさんのものごとを「みて」います。ですが、この「みる」をこの授業では次の2つの種類（程度、深さといってもよい）に分けて考えたいと思います。

　1つには「見る」。これはものごとの形態や表面を単にみることをいいます。そしてもう1つは「観る」。これはものごとの内面に隠れている本質や原理をつかむことをいいます。
　つまり、多くの人はリンゴが木から落ちるのをただ「見ていた」だけだったのですが、一人ニュートンはそこに法則を「観た」わけです。

　このように「みる」ことには、目にみえるものを「ああだ、こうだ」と受け取っているレベル（＝見る）と、目にみえないものを洞察し、核心にあるものをつかむレベル（＝観る）と2つあります。2つあるといっても、両者の境界線はなく、グラデーション的につながっているわけです。いずれにせよ、「見る」から「観る」にいくにしたがって、ものごとの認知の深さが増していきます。

「見る」と「観る」〜認知の深さの違い

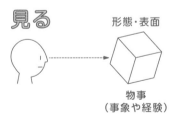

見る　形態・表面

物事
（事象や経験）

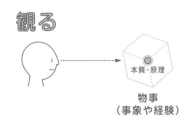

観る

本質・原理

物事
（事象や経験）

━━ 「意見・所見・見解」VS「人生観・歴史観・価値観」

　私たちがものごとを見て、「ああ、これはこういうことだね」「こう感じる、こう思う」
といったように自分のなかに抱く内容、あるいはもののみかたを「見（けん）」としましょ
う。意見や所見、見解などがこれにあたります。

　他方、私たちがものごとを観て、自分のなかに抱く内容、あるいはもののみかたを「観
（かん）」としましょう。観はものごとを深いところで厚くとらえる目といっていいかもし
れません。人生観とか歴史観、価値観などがこれにあたります。

　「観」を醸成するには、ある程度の長い時間と、経験の量と質と、さまざまな人からの
啓発が必要です。ですから醸成は容易ではありません。しかし安定的です。

　「観」は健全に醸成されれば、豊かな経験に基づいた人生観、洞察力鋭い歴史観／社会観、
バランスのとれた価値観、善を志向する事業観、慈愛に満ちた人間観などになっていきます。

　それに比べ「見」は、もののとらえ方としては比較的浅いレベルで薄いものです。ただ、
もののとらえ方が浅薄だからといって、一方的に「見」がわるいものだとはいえません。

　目に触れるすべてのことを深く厚くとらえようとしたら、私たちはほとほと疲れてしま
い、日常の多くのことが進まなくなってしまうでしょう。ものごとによっては単に「見」
を持つだけでよい場合もあります。

ただ「見」は、浅く薄いがゆえに不安定で、容易に気分的な意見、事実に基づかない偏見、一方的な見解、強引な我見などになってしまいます。それが欠点です。

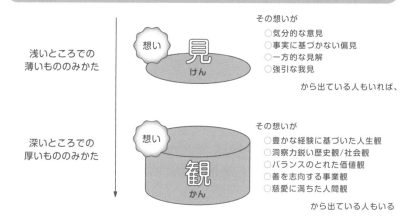

その想いはどこから出ている？　―「見」レベル？「観」レベル？

浅いところでの
薄いもののみかた

想い

見
けん

その想いが
○気分的な意見
○事実に基づかない偏見
○一方的な見解
○強引な我見

から出ている人もいれば、

深いところでの
厚いもののみかた

想い

観
かん

その想いが
○豊かな経験に基づいた人生観
○洞察力鋭い歴史観/社会観
○バランスのとれた価値観
○善を志向する事業観
○慈愛に満ちた人間観

から出ている人もいる

■ 偉人たちがどう人生を観たかを読もう

　さて、それで大事な自問です―――自分のその想いはどこから出ているのか！？　浅いところの「見」レベルから出ているのか？　それとも、深いところの「観」レベルから出ているのか？

世の中には実にいろいろな人のいろいろな想いが渦巻いています。気分的な意見から出るフワフワした想いもあれば、事実に基づかない偏見から出るゆがんだ想いもあります。一方では、洞察力鋭い社会観から生じる想いもあれば、善を志向する事業観から生まれる想いもあります。そのように人びとの想いには質の差があるのです。

「深いところから生じる、厚みのある」想いを持とうとするならば、ものごとを深いところで、厚くとらえる目——すなわち、観ること——が必要です。ただ、観ることは一朝一夕にはかないません。あせることはありません。時間をかけて観る力をつけていきましょう。

まずは、いろいろと見聞や経験を積むことです。そしてものごとの表面的なことに目を奪われず、その奥に潜む本質的なことをみようとする意識を持つこと。

さらに私からのお勧めは、大きな生き方をした人、高みを目指した人、苦難からはい上がった人の本を読むこと。その人が世の中をどう観たか、時代をどう観たか、人間をどう観たか、生きることをどう観たか、自分のやるべきことをどう観たかなどを読み解いていくのです。

「観」は言ってみれば、人の生きざまから浮き彫りになってくる哲学や思想です。深く分厚い観は、深く分厚く生きた人からしか学べません。自分のややもすると縮こまりがちな「見」を「観」に変えていくために、そしておおいなる想いを抱くために、ぜひそうした人たちの深く分厚い観に触れてください。

豊かに想う力

■「思う」と「想う」

「おもう」とは、心のなかであれこれ考えたり、感じたりすることをいいます。一般的には「思う」と書きますが、「想う」はそこからさらに進んだ活動になります。

想うという字には「目」が入っているとおり、何か対象に目を向けてその像を心のなかに浮かべることです。そしてその対象を求める気持ちがどこかしらにわいています。「想う」は「思う」に比べ、より希求的であり、映像的であるといえます。

私たちはふだんの生活で「想う」ことを頻繁にやっています。それは「想」のつく言葉がたくさんあることでもわかるでしょう。

では、ここで少しアタマの体操です———「想」のつく言葉をあげてみましょう。

―――どうでしょう。いくつ出てきましたか。例えば、「想像」「想起」「理想」「妄想」「予想」「発想」など、いろいろありますね。

「想う」は英単語で言えば、「imagine」「envision」「picture」「dream」「ideate」など。やはり多くの言葉につながっています。

━ トップアスリートは　　最高のプレーをする自分を想像する

さて、スポーツ選手が積極的に取り入れている「イメージトレーニング」。これは最高のプレーをしている自分の一挙手一投足を頭のなかで再現し、現実のパフォーマンスをそれに近づけていくというものです。

人間は漫然とはがんばれないもので、何かしら具体的な姿をイメージすることで具体的に力を発揮し、成果を出すことができます。さきほどの「思う」と「想う」の違いでいうなら、「私は勝つと思います」だけでは不十分で、「こういうプレーイメージを持って勝つのだ」という準備ができてこそ勝ちに近づくことができます。それほど「想い」というのは強力に人を動かす力を持っています。

■ 想うことのポジティブ効果・ネガティブ効果

スポーツ選手のみならず、一般の私たちも「想い」が現実の自分を動かしています。私たちは理想やビジョンを描き、そこに進もうとします。「いまの自分は能力が足りないかもしれない」「現状は厳しいかもしれない」……現実だけをみていたら気が滅入ってしまう状況にあって、理想やビジョンといった想いは、現実の自分を打ち破り、力を引き出してくれるものになります。

ただ、「想い」にはそういったポジティブな効果もあれば、ネガティブな効果もあります。自己イメージや状況イメージが極端にゆがんだり、あるいは過小になってしまうと、自分をあらぬ方向にさまよわせたり、閉じ込めたりします。

そのように、いかに自己を想うか、いかにものごとを想うか、はその人の人生にとても大きな影響を与えます。

夢見ることができれば、
成し遂げることもできる。

―ウォルト・ディズニー

想像力は知識よりも
重要である。

―アルバート・アインシュタイン

今、証明されているものも、かつては想像の中にあった。

―ウィリアム・ブレイク（英国の詩人）

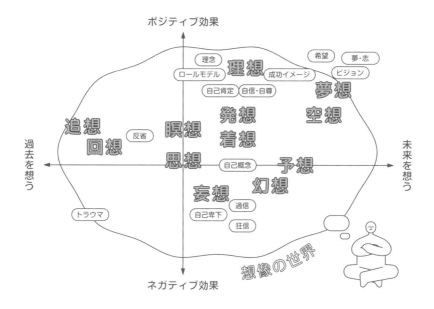

「想うこと」のいろいろ

ポジティブ効果

過去を想う ← → 未来を想う

ネガティブ効果

理念 / ロールモデル / 理想 / 成功イメージ / 希望 / 夢・志 / ビジョン

自己肯定 / 自信・自尊 / 夢想

発想 / 空想

追想 / 回想 / 反省 / 瞑想 / 着想

思想 / 自己概念 / 予想

幻想

妄想 / 過信

自己卑下 / 狂信

トラウマ

想像の世界

━ 想う力の源泉は「想う心」。心が旺盛なら想わずにはいられない

詩人の金子みすゞは、『星とたんぽぽ』のなかでこう書きました───

> 「見えぬけれどもあるんだよ、
> 見えぬものでもあるんだよ」。

また、作家サン・テグジュペリは、『星の王子さま』のなかでこう書きました───

> 「かんじんなことは、目に見えないんだよ」。

「想う」とは言ってみれば、心の目を対象に向けて、心のスクリーンにその像を映し出すことです。映し出すといっても、この世界のほんとうに大事なことは必ずしも形を持っていないので、その像は自分でつくり出さねばなりません。

　豊かに想像ができる人は、日常起こるさまざまな出来事や目に触れるものをきっかけにして、さまざまに自分の内に像をつくり出すことができます。

豊かに想う力とはさまざまな縁に触れて、
豊かに像をつくり出し、意志を起こす力

夜空の星々を見上げて ⸺⸺⸺▶ 宇宙誕生の壮大な物語を想い、
畏怖の念を抱く

一片の詩を読んで ⸺⸺⸺▶ その情景を想い浮かべ、
味わうことができる

友の表情をみて ⸺⸺⸺▶ 何か悩みがあるのではないかと慮り、
彼の置かれている状況に想いを巡らせる

　他方、想像力がない人というのは、総じてものごとへの関心が弱く、心の目を日常のいろいろなものに向けようとしません。そして自分の内に像をつくり出すことを苦手にします。

　例えば、冬の夜、帰宅道でふと夜空を見上げると、澄んだ輝きの星々が広がっている。そこから、どうやって星は誕生するのか、宇宙はどういう姿なのか、だれがそれを仕組んだのか、などについてどんどん心のなかに絵が立ち現れてくる。

　あるいは、一片の詩を読んだとたん、その情景がふつふつとわいてきて心のなかを満たす。また、友の表情がさえないことをみてとり、何か悩みがあるのではないか、どんな状況に彼はいるのだろうかと想いを巡らせる。そのようなことを難なくやれるのが、豊かに想う力のある人です。

　豊かに想う力の源泉は「想う心」です。この場合の心とは、知的好奇心、思いやる気持ち、創造意欲、責任感、使命感、探求心などをいいます。逆に言えば、これらの心が旺盛なら、想わずにはいられないのです。

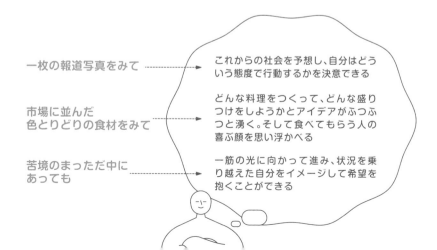

一枚の報道写真をみて
→ これからの社会を予想し、自分はどういう態度で行動するかを決意できる

市場に並んだ
色とりどりの食材をみて
→ どんな料理をつくって、どんな盛りつけをしようかとアイデアがふつふつと湧く。そして食べてもらう人の喜ぶ顔を思い浮かべる

苦境のまっただ中に
あっても
→ 一筋の光に向かって進み、状況を乗り越えた自分をイメージして希望を抱くことができる

■ 想うことを妨げる難敵は「過剰な情報」

10代、20代は多感な年ごろで、本来、想う心の強い年代です。ところがいま、若い人の多くがゆたかに想う心を「過剰な情報」というものに奪われがちです。

私たちは手元にあるスマホやパソコンから膨大な情報を簡単に受け取れる時代に生きています。そのような情報洪水のなかで、私たちはついつい、単に刺激のある情報、損か得かにかかわる情報、受け身で楽しませてくれる情報ばかりを追って、消費します。

アタマがそういった情報で埋められてしまうと、豊かに想う心の余裕がなくなり、自分の生き方が知らないうちに刹那的、即物的に傾いていきます。そして、自己嫌悪というわるい妄想に陥ることも。

そうならないために、生活のときどきにデジタル機器をOFFにして、自然のなかに身を置いたり、読書したり、日記を書いたり、空想したりして、ゆっくりとアタマの深呼吸をする時間をもうけましょう。

夢想は思考の日曜日。

―フレデリック・アミエル『アミエルの日記』

読書は豊かな人間をつくる。
瞑想は奥深い人間をつくる。
そして討論は明晰な人間をつくる。

―ベンジャミン・フランクリン（アメリカ合衆国の政治家）

現実は夢を壊すことがある。

だったら、夢が現実をぶち壊したっていいではないか。

—ジョージ・ムーア（アイルランドの作家）

理想は自身の中にある。

その理想を達成するための障害も自身の中にある。

—トーマス・カーライル（英国の歴史家）

日常の生活は多くの用事でみちているし、

その用事を次々と着実に片付けていくためには、

『常識』とか『実際的思考力』などという名の、

多分に反射的、機械的な知能の処理能力さえあればすむ。

あまりに豊かな想像力やあくことなき探究心やきびしい

内省の類は、むしろ邪魔になるくらいであろう。

—神谷美恵子『生きがいについて』

BE-Learning #19 想いを「強める」

━ 夢や志には意味的な広がりがある

この第4限では「想い」について考えています。想いの最たるものといえば、夢・志でしょう。夢・志というのは、かなうかどうかがわからないくらいむずかしい目標をいいます。長期にわたる努力と忍耐と、そして運を引き寄せる力が必要になる挑戦です。

人の夢や志はいろいろあってよいものですが、その中身をみていくと、夢や志という言葉がとても広い意味で使われていることがわかります。

今回と次回の授業では、夢や志といった想いを「強める」という観点、「開く」という観点でとらえていきたいと思います。今後の人生であなたが抱く想いを「強め、開く」ための参考になれば幸いです。

━ 「熱中」や「願望」が最初の段階

さて、最初に次のような3人の夢・志を取り上げましょう。

〇「僕はプロサッカー選手になる！」──小学校3年生S君
〇「ミュージシャンになってミリオンヒットを当てたいな」──フリーターMさん
〇「戸建てマイホームを持つ」──30代会社員Hさん

ここではどんな夢がよいかわるいかとか、どんな志が高尚か高尚でないか、といった評価を考えるものではありません。ここでみてほしいのは、人が「夢に向かう／志を抱く」とき、そこにはさまざまな状態があり、意味的広がりがあることです。それを表したのが下図です。

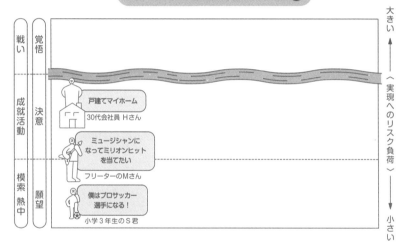

「夢・志」の意味的広がり図❶

戦い　覚悟

成就活動　決意

模索　熱中　願望

大きい　〈 実現へのリスク負荷 〉　小さい

戸建てマイホーム
30代会社員 Hさん

ミュージシャンになってミリオンヒットを当てたい
フリーターのMさん

僕はプロサッカー選手になる！
小学3年生のS君

　図のタテ軸は、想い・行動の強弱を表します。心理レベルでみれば、夢は「願望」という漠然とした状態から「決意」「覚悟」という段階に強くなっていきます。

　行動レベルとしては、最初は無垢な「熱中」から始まり、現実化を考えた「模索」状態に入る。ある段階から本格的な「成就活動」へと進み、最後は「戦い」となる。当然、リスク負荷も変化します。

ここにあげた3つの夢・志は、心理レベルで言えば「願望」〜「決意」段階、行動レベルで言えば「熱中」〜「成就活動」段階のものとなるでしょう。いまだ「覚悟」「戦い」レベルではなさそうです。では、どんな状態の夢・志が「覚悟」「戦い」になるのか？――それは「ルビコン川を渡る」かどうかです。

■ その夢・志をほんものとするために「ルビコン川を渡る」

　その「ルビコン川を渡る」について解説を加えましょう。

　　ときは古代ローマ共和政時代、イタリアと属州ガリアの境となっていたルビコン川。ユリウス・カエサルは政敵ポンペイウスの手に落ちたローマを奪還するために、みずからの兵を率い、ガリアの川岸に立った。当時、兵軍を伴ってルビコン川を渡り、イタリアに侵入することは国法で禁じられていた。つまり、カエサルは川を渡った瞬間に罪人となる。「賽は投げられた！」。彼は進軍を開始する。

ルビコン川を渡る ＝ 不退転の覚悟で挑戦する

そのように「ルビコン川を渡る」とは、不退転の覚悟で挑戦するときの言い回しとなったのです。

例えば、会社員をやめて独立起業したRさんの夢は「自社を年商10億円の会社にする！」。おそらくRさんは、かなりのリスクを負って起業したはずです。経済面でも、体力・精神面でも、私的生活面でも多くの負荷や犠牲を払わねばなりません。もう後戻りはできません。これが「覚悟」「戦い」レベルの挑戦です。

夢をほんものにするのは「ルビコン川を渡る」という不退転の覚悟です。それは次の古典的表現にも通じています──事を成すための真の勇気は、（前進のために）橋をつくることではなく、（後もどりできないように）橋を壊すことである。

「夢・志」の意味的広がり図 ❷

━ 想いの強さは引き受けるリスクとともにある

　このように夢・志といった想いは、どれほどのリスクを負い、それをはねのけていくかによって「強さ」の違いが出てくるととらえることができます。

　小学生のプロサッカー選手になるという想いは、純粋無垢な熱中ではあるものの、いまだ退路を断ってのぞむといった覚悟ではありません。しかし、彼（彼女）が高校生、大学生、社会人と育ってきて、それでも大きなリスクを払って「自分はプロ選手になりたい」という覚悟を決めたとき、それはほんものの強い想いになるのでしょう。

　最後に繰り返し添えておきますが、「サッカー選手になる」という想いの内容がよいわるいとか、リスクをとらない想いは弱くて望ましくないとかを言っているのではありません。

　夢・志の内容は人それぞれにあってかまわないものです。他人がどう言おうが、夢を抱くのは本人ですし、その実現のために使う労力と時間も本人のものです。

　また、リスク負荷を伴わない想いもあってよいものです。できる程度と範囲でやりたいことがあるのはよいことです。それもじゅうぶんに人生の張りや喜びになります。もしそれが高じてくれば、リスクを負ってさらに拡大させていけばいいだけのことです。

　今回の授業のエッセンスは、夢・志は「願望」から「覚悟」まで、「熱中・模索」から「戦い」まで強さの違いがあること。その想いの強さは引き受けるリスクとともにあることです。

BE-Learning #20 想いを「開く」

■ 動機を利己から利他へ開いていく

さて、今回は前回からの持ち越しで、想いを「開く」ことについて考えていきたいと思います。また2人の夢・志を取り上げることから始めましょう。

○「法曹界で活躍することを夢見ている」

――――司法試験浪人5年目Lさん

○「こども向け理科実験教室をずっと続けていこう」

――――ボランティア活動10年目Fさん

この2人の想いを図に収めてみましょう。

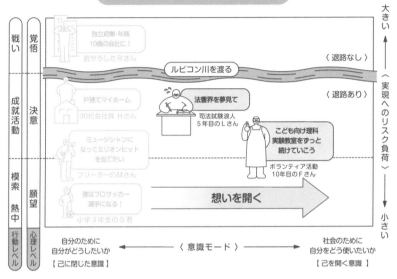

「夢・志」の意味的広がり図 ③

戦い	覚悟		
		独立起業・年商10倍の会社に！ 脱サラしたRさん	〈退路なし〉

ルビコン川を渡る

大きい ← 〈実現へのリスク負荷〉 → 小さい

〈退路あり〉

戸建てマイホーム 30代会社員Hさん

法曹界を夢見て 司法試験浪人5年目のLさん

ミュージシャンになってミリオンヒットを当てたい フリーターのMさん

こども向け理科実験教室をずっと続けていこう ボランティア活動10年目のFさん

僕はプロサッカー選手になる！ 小学3年生のS君

成就活動 — 決意
模索 熱中 — 願望

想いを開く

行動レベル / 心理レベル

自分のために自分がどうしたいか【己に閉じた意識】 ←〈 意識モード 〉→ 社会のために自分をどう使いたいか【己を開く意識】

　この図のタテ軸は、前回みたように想いの強さを表す「心理レベル」と「行動レベル」になっています。今回あらたに加わったのはヨコ軸で、「意識モード」です。

　左側にいくほど「自分のために自分がどうしたいか／何を手に入れたいか」という想い、すなわち「己に閉じた意識」になります。逆に右側にいくほど、「社会のために自分をどう使いたいか／自分の能力をどう役立てたいか」という想いで、「己を開く意識」になります。わかりやすく言えば、左側は利己的な動機、右側は利他的な動機です。

　法曹界を夢見るLさんの想いは、司法試験に合格して裁判官や弁護士になり、周囲から注目されたいという利己の動機が一部にあるかもしれませんし、法律の仕事を通じて

社会に役立っていきたいという利他の動機もあるでしょう。そのため図の意識モードでは中ほどに置かれています。

　一方、こども向けの理科の実験教室をボランティアでずっと主催し続けているＦさんは、利他の精神が大きいといえるでしょう。ですから図では右側に配置されています。

　このように、夢・志を抱く意識が利己中心から利他中心へ移っていくことを、この授業では「想いを開く」といいます。
　念のためここでも加えておきますが、利己的動機はわるくて、利他的動機はよいというようなことを言っているのではありません。人が生きるうえで利己も利他も必要な動機です。ここで押さえてほしいのは、人の想いは利己と利他の意識の複雑な混合であり、自分の意識によってその配合を変えていけるということです。

■ 覚悟の程度の差こそあれ、想いは人それぞれあっていい

さて、最後に３人目の夢・志を紹介しましょう。

○「発展途上国で一人でも多くの命を救いたい」
　　——町医者をやめ『国境なき医師団』に入ったＡさん

　Ａさんは国内で町医者をやっていれば平穏な暮らしがあったかもしれない。けれど、Ａさんはそれをなげうって、国際的な医療組織に加わった。まさに「ルビコン川を渡る」ような一大決心をして、使命的な覚悟のもとに新しい人生を開始しました。想いを

強め、同時に、想いを開いた姿がここにあります。この状態は図で言えば、右上に配置されるものです。

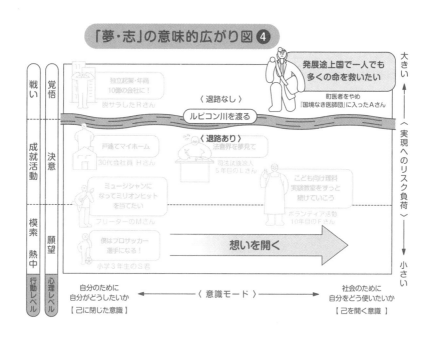

「夢・志」の意味的広がり図 ❹

戦い	覚悟	独立起業・年通10億の会社に！ 脱サラしたRさん	〈退路なし〉 ルビコン川を渡る	発展途上国で一人でも多くの命を救いたい 町医者をやめ「国境なき医師団」に入ったAさん	大きい ↑ 〈実現へのリスク負荷〉 ↓ 小さい
成就活動	決意	戸建てマイホーム 30代会社員Hさん	〈退路あり〉 法曹界を夢見て 司法試験浪人5年目のしさん	こども向け理科実験教室をずっと続けていこう ボランティア活動10年目のFさん	
		ミュージシャンになってミリオンヒットを当てたい フリーターのMさん			
模索 熱中	願望	僕はプロサッカー選手になる！ 小学3年生のS君	想いを開く		

行動レベル 心理レベル

自分のために自分がどうしたいか【己に閉じた意識】　　〈意識モード〉　　社会のために自分をどう使いたいか【己を開く意識】

このように人の夢・志を具体的に並べてみると、それを抱く状態や意味には広がりがあることがわかります。

さらに下の図は、夢・志をカテゴリー的に表したものです。最も上にある「冒険的自己実現」や「使命的奮闘」は、内に抱く想いが「ルビコン川を渡る」ほどの不退転の挑戦意志となり、ほんものの夢になったものです。

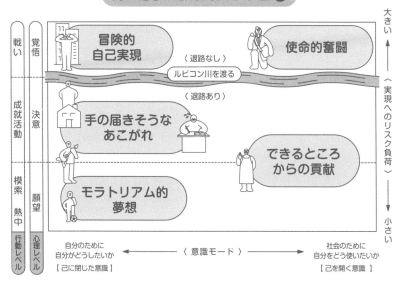

「夢・志」の意味的広がり図 ⑤

そうした不退転の覚悟で夢に臨む人は、周辺からの冷めた声も気にならなくなるでしょう。むしろ、その真剣さを応援してくれる人を引きつけて、前進するはずです。

　ただ、夢や志のすべてにおいて「ルビコン川」を渡るべきということでもないでしょう。ルビコン川の手前で（つまり覚悟を決めない、リスクの小さい範囲で）、ささやかに抱く夢もけっしてわるいものではありません。

　「手の届きそうなあこがれ」や「モラトリアム的夢想」は、世知辛い日々に希望や張りや目標を与えるものです。また「できるところからの貢献」は、利他的な活動をライフワークにすることでもあり、尊い志です。

　みなさんはこれからの人生・キャリアにおいて、何かの夢を抱き、志を掲げるかもしれません。その想いを育んでいくときに、2つの方向性を思い出してください。1つは「想いを強める」方向性、もう1つは「想いを開く」方向性です。

BE-Learning #21 夢や志が持てないのは よくないことか

━ 私たちは平穏な社会と引き換えに 大きな想いを失っている

　令和ニッポンの社会では、「夢や志がない／どう持ったらいいかわからない」「なりたい自分がわからない」といった人が大勢います。

　これは10代、20代にかぎったことではなく、30代以降の大人にもいえることです。私は企業の研修でいろいろな年代と接していますが、とりあえず日々の業務をこなしはするけれど、中長期的に自分がどこに向かって進んでいきたいかという理想像や大きな目的を掲げて働いている人は少数です。

　社会が物質的に豊かになり、医療技術・衛生環境の進歩があり、戦争から遠ざかることで、今日のニッポンでは直接的に生命の維持が脅かされることが極端に小さくなりました。それはそれでとても幸福なことなのですが、その代わりに、人びとが大きな想いを抱きにくくなったという現象につながっているのも事実かもしれません。

　多くの場合、夢や志といった大きくて強い想いは、逆境の反動としてその人間のなかに育ってきます。歴史上の偉人は言うに及ばず、市井の人びとにおいても、何かしらの夢・志に突き進んでいる人は、差別、貧困、病気、劣等感、理不尽などを経験している傾向があります。

激動の時代・社会ほど、そして不条理な生活ほど、偉大な仕事や偉大な芸術作品が生まれます。苦労を背負い、矛盾を強いられた人ほど、人生について多くを考え、何かを成し遂げようとします。ですから、いま私たちに何か大きな想いがないというのは、裏返すと、平穏に暮らせているということなのかもしれません。

講義やセミナーなどで大学生からよくこんな質問をされます———「夢や志が持てないのですが、それはよくないことですか？」と。

私の一応の返答はこうです。———私たちは平穏な社会と引き換えに、大きな想いを抱きにくくなっている時代に生きている。若いうちにそれが見つかるにこしたことはないが、生涯を通じてそれを求めていけばいいのではないか、と。

そもそも、夢・志が持てないことについて、それを他人がよくないかどうかを判じることはできません。夢・志の問題は、何か絶対的な基準があって、第三者が評するものではないからです。

1人1人の人間が、みずからの内面の信条に照らし合わせて「どういう生き方をするのが美しいのか」と自問し、その結果、大きな想いを抱こうとするかどうか。これはあくまで本人が答えを出す問題といえます。

■ 夢・志がないと「小さな環」を回る生き方に

さて、ここからは私自身の経験をふまえて、夢・志を持っていない場合の生き方と、それらを持っている場合の生き方の違いについて触れたいと思います。

　私は大学（学士課程）を卒業して23歳で最初の会社に就職し、41歳までに4つの会社を渡りました。そして独立起業して21年が経ち、今日に至ります。30代前半まで、私は多くの会社員と同じように大きな想いはとくにありませんでした。

　ともかく、目先のやるべき業務をしっかりとこなし、多少自分らしい創意工夫を加えて、成果を出していく。そういうことでそれなりに成長はありましたし、周囲からの評価も得られ、満足と言えば満足な会社員生活でした。特段夢や志のようなものを掲げなくても、組織から与えられる業務課題がそのまま超えるべきカベ（壁）となり、あえて自分で何か大きな目標を掲げる必要はなかったのです。

　しかしこれはいま振り返るとじつに恐ろしいことで、そのように会社員というのは、つねに組織（他者）からこまごまと目標──その目標はたいてい会社組織を存続させるという目的に根ざしている──を与えられるのに慣れすぎてしまい、ついぞ自分で大きな目標や意味を考え出す力を失ってしまうのです。

　そんななかで私も30代前半までは、会社員意識の小さな枠にとらえられ、将来の自己イメージは、せいぜい「優秀なプロダクトマネジャーになっていることかな」とか、「よい本をつくれる編集者になろう」くらいのものでした。

　私の30代前半までは言ってみれば、夢や志のない状態でした。そのようなとき、人は「気分・感情のまま反応的に過ごす生き方」になりがちです。

　夢・志という自分の内にある強力な方向軸がないために、その分、世の中の出来事や情報、周囲の人間関係といったものに気があれこれと分散します。そしてそれら環境に

一喜一憂することになります。

　精神的な動きは、いいことがあれば上機嫌となり、気に入ったことに熱中していれば高揚感があります。しかしそれらは安定的ではなく、何か好ましくない出来事があればすぐに憂鬱になったり、一人で何もしないでいると虚無感におそわれたりします。

　下図のように、30代前半までの私は「気分・感情のまま反応的に過ごす生き方」ゾーンで、精神的にポジティブとネガティブをこぢんまりと回る生活だったような気がします。

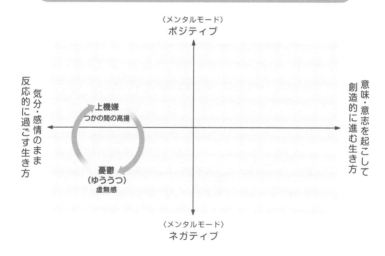

「夢・志を持たない人」のメンタル・ダイナミズム

〈メンタルモード〉
ポジティブ

気分・感情のまま
反応的に過ごす生き方

意味・意志を起こして
創造的に進む生き方

上機嫌
つかの間の高揚

憂鬱
（ゆううつ）
虚無感

〈メンタルモード〉
ネガティブ

■ 夢・志によって「大きな環」を回る生き方に変わる

ところが30代後半になって、私のなかにいろいろな変化が起こり、教育をライフワークにしたいという志が生まれました。その過程については、いつかどこかで詳しく書きたいと思いますが、ここでは1つだけ、そのきっかけとなった言葉を紹介しておきましょう。それは中国のことわざで、次のようなものでした———

　　　　一年の繁栄を願わば、穀物を植えなさい。
　　　　十年の繁栄を願わば、樹を植えなさい。
　　　　百年の繁栄を願わば、人を育てなさい。

私は30代前半まで、メーカーで消費財の商品開発をやり、出版社に移ってはビジネス雑誌の編集をやっていました。仕事は面白かったものの、自分の生み出すモノや情報は、流行に乗れば乗るほど、出したとたん、すぐに消えていくのでした。しだいに自分の仕事が時代の徒花のようなものに思えてきました。社会にさしたる役にも立たず、ただ世の中の表層を漂っているだけのむなしさを感じはじめたのです。

「簡単に消費されるだけの仕事ではなく、もっと長い時間の単位で、世の中にきちんと積み上がっていく仕事は何か」———それを心の奥底で求めていた私の目に、上の中国の言葉は飛び込んできたのでした。

ちなみに、この言葉との出会いはけっして偶然の出来事ではなく、必然だったと思います。いずれにせよ、そのとき以来、私は志を持つ人間になりました。大きく強い想いを自分の内に持つと何が変わるのでしょう。それを表したのが次の図です。

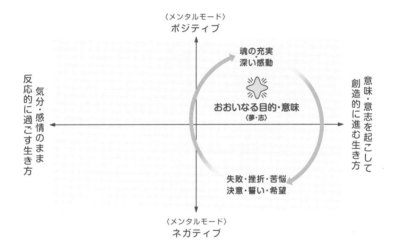

「夢・志を持つ人」のメンタル・ダイナミズム

〈メンタルモード〉
ポジティブ

魂の充実
深い感動

おおいなる目的・意味
〈夢・志〉

反応的に過ごす生き方
気分・感情のまま

意味・意志を起こして創造的に進む生き方

失敗・挫折・苦悩
決意・誓い・希望

〈メンタルモード〉
ネガティブ

　ひとたび志が芽生えると、その実現に向けて、リスクを背負い動き出します。たいていは失敗や挫折、苦悩の連続です。私も教育分野という新しい世界に飛び込み、しかも、会社員をやめて、個人事業でのスタートです。苦労ばかりでした。

　しかし、そうした精神的にネガティブな状況にあっても、その深いところで決意や誓い、希望があります。だから踏ん張れるし、知恵もわいてきます。そうするなかで、しだいに成功体験も出てきます。志を同じくする人たちとの連帯も生まれます。そこには魂の充実や深い感動といったものが感じられます。

　そのように夢や志を持つと、「意味・意志を起こして創造的に進む生き方」に変わります。大きな苦労もあるけれど、それを乗り越えていけるだけの大きな喜びも生まれてくるというダイナミックな環の生き方になります。

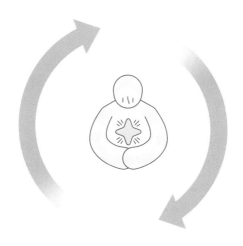

━ 覚悟や決意が人を美しくする

　夢・志について、一般論的に「夢・志を持つからよい／持たないのはよくない」ということではありません。自分が美しいと思える人生のために、あなたは夢・志を持ちたいかどうかという自分の決意の問題だといえます。

　夢を定義するとすれば、それは「胸躍らせる楽しい覚悟」です。志は「肚の底からわき上がるやむにやまれぬ覚悟」です。夢も志も「覚悟」ではないでしょうか。人の生き方で何が美しいかと問われれば、「覚悟ある生き方だ」と私は答えたい。

　覚悟を貫き、覚悟を成就することは、けっして「楽（ラク）」ではない。むしろ苦難や忍耐続きです。でも、「楽しい」。そのとき肚の奥底で感じられる楽しいは、使命感とか魂の充実とか、泰然自若といった類のものです。それが人を美しくするのでしょう。

　仕事や人生には苦しさやしんどさがつきものです。むしろ苦しさやしんどさのない仕事や人生はほんものではありません。苦しさやしんどさがあっても、それを乗り越えていける力をわかして自分を強くしてくれるのが、夢・志です。

どんなに豊饒で肥沃な土地でも、遊ばせておくと
そこにいろんな種類の無益な雑草が繁茂する。
精神は何か自分を束縛するものに没頭させられないと、
あっちこっちと、茫漠たる想像の野原にだらしなく迷ってしまう。
確固たる目的をもたない精神は自分を失う」。

―モンテーニュ（フランスの思想家）

"If you build it, they will come."
（それをつくれば、彼らはやってくるだろう）

―米国映画『フィールド・オブ・ドリームス』の中の言葉

【あり方】から考え学ぶBE-Learning

第5限

「目的」ってなんだ?

#22 「目標」と「目的」の違い

━ 目的・意味があり、そのもとに目標がある

「目標」と「目的」は同じような意味の言葉に思えますが、厳密にみていくと違いがあります。今回はそれをじっくり考えていきましょう。

まず目標とは、めざすべき数量・状態・しるしをいいます。例えば、「練習目標は1日10kmの走りこみです」「○○検定で1級合格するのが目標」「あの灯台を目標に進んでいけば、すぐ前方に港が見えてくるはずだ」など。

それに対し、目的とは、目標の先にある最終的にめざすことがらで、かつ、なぜそれをめざすのかという意味を含んだものです。これを簡単にまとめると次のようになります。

〈目標〉＝めざすべき数量・状態・しるし
〈目的〉＝最終的にめざすことがら＋それをやる意味

先の例でみてみましょう。1日10kmの走りこみを〈目標〉にしてがんばっている人の〈目的〉はなんでしょう。半年後のマラソン大会で優勝して、自分の能力を証明するためかもしれません。また、○○検定で1級合格するのが〈目標〉という人はどうでしょう。その資格を取って、志望の職業につくというのが〈目的〉かもしれません。灯台を〈目標〉にして進んでいく船の〈目的〉は、無事港に着いて、航海を終えることでしょう。

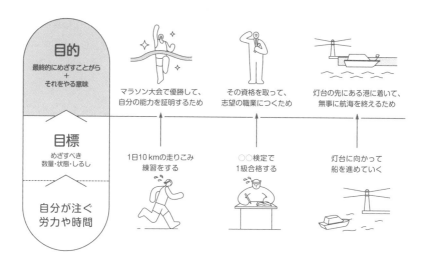

「目的」と「目標」の関係図 ～目的のもとに目標はある～

目的
最終的にめざすことがら
＋
それをやる意味

マラソン大会で優勝して、
自分の能力を証明するため

その資格を取って、
志望の職業につくため

灯台の先にある港に着いて、
無事に航海を終えるため

目標
めざすべき
数量・状態・しるし

1日10kmの走りこみ
練習をする

○○検定で
1級合格する

灯台に向かって
船を進めていく

**自分が注ぐ
労力や時間**

　あるいは、ある体操選手の例で説明してみましょう。彼は国内の大会で優勝したとき、インタビューで「いえ、この先がまだありますから」と答えました。彼にとって、国内優勝は〈目標〉の1つであって通過点にすぎない。さらなる大きな〈目標〉は世界選手権で優勝することです。彼にとって、そうした国内外での優勝の先にある〈目的〉とはなにか。それは4年に1度のオリンピックで金メダルを取り、みなに感動を与えるアスリートになりたいということです。

　このように力強く自分の道を進んでいく人は、めざすべき状態を目標1、目標2、目標3と段階に分けて設け、その先に目的をすえています。逆にみれば、大きな目的・意味を抱き、そのもとに目標を段階的に置いているともいえます。

━━ 目標と目的がそろうと、人は具体的に持続的にがんばれる

　目的は、「～のために」という意味を含んだものです。自分がめざすことに意味を感じているというのは、とても大事なことです。なぜなら、人間は意味からエネルギーをわかす動物だからです。

　例えば、あなたのクラスが1週間、大学近くの大規模な畑で雑草取りをすることになりました。クラス全体で大袋5つの雑草を取ることが目標で、その量に達すれば1日の作業を終えることができます。このとき、最初の1、2日はがんばれるかもしれません。しかし、なんのためにその作業をするのかという意味を感じなければ、みな続けるのがいやになるでしょう。

「目標」だけに走っていると
自分のやっていることにやがて疑問がわいてくる

とりあえず目標に向かって
走り続けているけど、
結局この努力は
なんのためなんだ？

（目的なし/不明）

目標
めざすべき
数量・状態・しるし

自分が注ぐ
労力や時間

　ところが、その畑で採れた作物が食べ物に困っている人たちへの支援に使われ、彼らから感謝の言葉が寄せられているという事実を知れば、がぜんやる気が出てきます。その作業に意味を感じる、つまり目的を持つようになったからです。

　このように、目標と目的の両方がそろうと、人は具体的に、そして持続的にがんばることができます。しかし現実は、とりあえず目標に向かってがんばるけれど、とくに目的はないという場合が多いものです。そうすると、「結局、自分は何をやりたい人間なんだ?」という根本的な問題がわいてきます。自分の努力はなんのためということがわからないので、迷いが出てくるのです。

「目的」と「目標」がそろっていると健全にやる気が出る

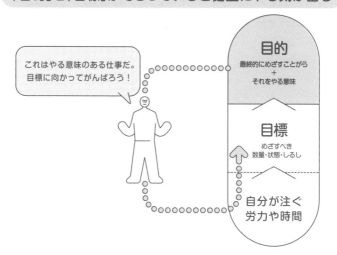

これはやる意味のある仕事だ。
目標に向かってがんばろう!

目的
最終的にめざすことがら
+
それをやる意味

目標
めざすべき
数量・状態・しるし

自分が注ぐ
労力や時間

━ 会社に入って起こる「目的喪失」問題

この「目的喪失」による迷いは、会社に入って働くようになると、じつは多くの人に起こってくる問題でもあります。

会社という組織は、個々の従業員の想いとは別に、経営陣が策定する事業方針のもと、数値計画にもとづいて運営されます。

このとき、会社は簡単につぶれてはいけないので、組織自体を存続させ、雇用を守るために経済的利益の確保が最優先事項になりがちです。そのため経営層はもちろん、1人1人の従業員にはつねに数値目標が課され、その達成を追うことになります。

今日、どの分野でも企業間の競争が激しくなっていて、会社は簡単に利益を上げられない状況になっています。会社は一応、事業理念とか事業目的とかを掲げ、そのもとに事業を行おうとしますが、現実は「儲けられそうなことならなんでもやる」という方針で進まざるをえないことも多い。そして従業員も自分の想いと外れたところで、ひたすら与えられた数値目標に向かって働く（働かされる）という状況に陥るわけです。

1人1人の従業員は、入社時にはある想いを抱いていたはずですが、やがてそれがそぎ落とされ、ついには目的や意味を考えないことのほうがラクになります。「しょせん、個人の夢や志なんて、組織のなかでは実現できないもんだ」と冷めた悟りがやってきて、休暇やプラベートで楽しみを見つけてバランスをとることでやりくりする状況になる……これが、働く人の「目的喪失かつ目標に働かされる」問題です。

もちろん、そうした重しを払いのけて、自分の想いを会社にぶつけ、組織を活かして、大きな目的の実現に向かう人が少なからずいるのも事実です。

いずれにせよ、私たちは生きていくうえで、そして働いていくうえで、何かしらをめざして行動します。その行動の先に目標を置きます。そしてその目標の先に、きちんと目的があるかどうか、ここはとても重要な点です。

BE-Learning #23　意味とは「意（こころ）の味わい」

━ 働くとは坂をのぼっていくこと

前回の授業では、目的という概念には「それをめざすことの意味」が含まれていることを学びました。

意味は「意（こころ）の味わい」と書きます。何かに向かって挑戦するとき、その挑戦する内容に「しんどいけどやりがいがある！」と意が深く豊かな味わいを得られるのか、それとも「お金を得るためにしょうがない」と意が味わうのは苦々しさだけなのか、そこには大きな差があります。

このあたりをきょうは「坂」をメタファー（比喩）にして考えてみましょう。

さて、私たちはつねに坂に立たされています。つまり、人が生き、働くとき、そこには必ず試練や挑戦といったものがつきものです。その人生や仕事における試練や挑戦といったものが、いわば坂の傾斜であり、負荷となるわけです。

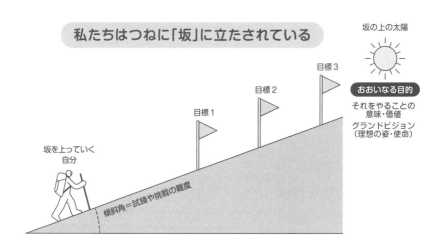

試練や挑戦がむずかしければむずかしいほど、坂の傾斜はきつくなり、上っていくのがしんどくなります。けれどその坂を上っていくのがいやだといって、あきらめたらどうなるか。坂を下り落ちるのは、一時的にはラクかもしれない。けれど、下り落ちるだけでは肉体や精神は鍛えられることはなく、中長期的には衰弱と崩壊に向かっていくだけです。

　しかし、健全な生命は本来的に成長や進化を求めるものです。ですから、あなたはいろいろな場面で、坂を上っていくことをあえて選ぶでしょう。

私たちは試練・挑戦という坂を上ろうとするとき、漫然と上るのでは力が出ないので、坂の途中にいろいろと目標を立てます。目標1、目標2、目標3と段階に分けて設定することで、自分を段階的に伸ばしていくことができます。

　けれど、目標をただこえていくだけではしんどいので長続きしません。そこに何が必要か———それが「坂の上の太陽」です。「坂の上の太陽」とはおおいなる目的であり、それをなぜやるかという意味です。

■ 数値目標はあふれるが 目的のない職場が多くなっている

　さて、その「坂の上の太陽」を詳しく説明する前に、少しみなさんに働く現場で起こっている話をしておきましょう。

　いま、民間企業やNPO、役所を問わず、働く現場では数値管理がますます進んでいます。事業を経済的に存続させていくためには、綿密に事業計画を立て、売上げやコストなどの予算を組み、それらの数値目標に従って、組織と個人が着実に動くことが求められているからです。いい加減な数値目標、いい加減な目標達成の姿勢では、どの事業も存続はむずかしく、従業員を安定的に雇い続けることもできなくなります。

　とくに利益額や自社株価にシビアな株式公開企業ほど、MBO（目標管理制度）やKPI（重要業績評価指標）など、目標を的確な数値に置き換える技術が発達しています。

経営者も従業員も個人に割り当てられた数値に向かって、毎年、毎四半期、毎月、毎週、毎日、数値の達成度合いを気にしながら働くことになります。

　「今期は売上げ●●円突破を目指す」「成長率対前年●％アップ」「市場シェア●位を死守せよ」「●月●日までに耐久性実験のデータを集め、10年補償の製品化に着手する」など、こうした数値目標が職場にあふれます。事業のおおいなる目的が語られないまま、組織はただ利益獲得のための機関車となって突き進むということが、少なからずの企業で起こっていることなのです。

　すると、そこで働く1人1人のなかの働く目的／意味も消えて、組織から下りてくる数値目標が目的化してしまいます。

■ 数値を追うだけでは「目標疲れ」が起こる

　成果主義のもとでは、数値目標を達成できるかできないかで処遇が決まりますから、みな数値に働かされるようになります。また、納期を間に合わせるために手抜きをしたり、実験データのつじつまを合わせるために数値を改ざんしたり、そのように不正が起こるリスクも高まります。

　「なぜ、自分はこの会社で働いているのか？」「自分がたずさわっているのはなんのための事業か？」「この数値を達成することは世の中の何につながっているのか？」「自分はこういう志望動機で就職したはずなのに（現実は数値を追うだけの仕事になっている）」……。こういったおおいなる目的を失った声が社員の間から数多く聞こえてきます。

ともあれ、おおいなる目的である「坂の上の太陽」がないと、目標が目的化し、外発的動機によって動かされるだけになります。

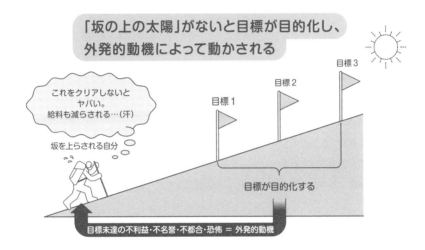

数値目標を追う（追わされる）だけの仕事生活は疲弊してきます。「目標疲れ」が起こってくるからです。いま、仕事によってメンタルを病む人が増えているのも、こうした背景が強く関係しています。

▬ 坂の上にどんな太陽をのぼらせるか

　しかし、数値目標はそれ自体、けっしてわるいものではありません。人間は漫然とがんばることはできませんから、具体的にこえるべき指標がいるのです。すると具体的にがんばる知恵もわく。そして、それをこえたときに確かな成長観・充実感も得られる。

　要は、数値目標に働かされる状態がよくないのです。望ましいのは、おおいなる目的を掲げ、そのもとに数値目標を手段・プロセスとして活かすことです。

　私たちは働き、生きていくうえで、坂を上っていかなくてはいけない。いや、私たちはそれを本能的に望んでいるともいえる。そのときに必要なのが「坂の上の太陽」。すなわち、それをやることのおおいなる意味・価値であり、グランドビジョン（理想の姿・使命）です。この太陽は坂道を照らし、内発的エネルギーをくれます。

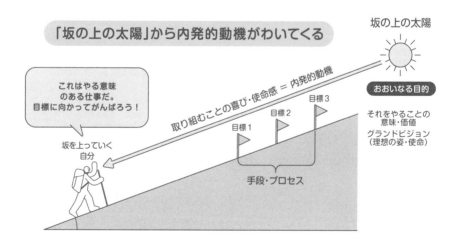

「坂の上の太陽」から内発的動機がわいてくる

坂の上の太陽

これはやる意味
のある仕事だ。
目標に向かってがんばろう！

取り組むことの喜び・使命感 ＝ 内発的動機

目標3

目標2

目標1

坂を上っていく
自分

おおいなる目的

それをやることの
意味・価値
グランドビジョン
（理想の姿・使命）

手段・プロセス

坂の上にどんな太陽をのぼらせるか———これはけっこう大きな問題です。意（ここ
ろ）が豊かに深く味わえるテーマを見つけ、その実現に向かっていくとき、ほんとうの
自分が姿を現します。

BE-Learning #24 働く動機のいろいろ

━ 一般語として広がりはじめた「モチベーション」

「動機（モチベーション）」という言葉が日常でもよく使われるようになりました。ス
ポーツ選手がインタビューなどで「自分のモチベーションはこういうところにあって」
とか「モチベーションを維持するのがたいへん」などと答えるのも頻繁に耳にします。

動機とは、「人が意思を起こしたり、行動したりしたときの心的要因」をいいます。
上のスポーツ選手は「やる気のみなもと」といったニュアンスで使っています。

人が働くうえで、この動機というのはとても重要なものになります。今回は、働く動
機にどんなものがあるかをながめてみましょう。

■ 内発的動機と外発的動機〜
やる気の出どころはどこか

動機の分類として、まず「内発的動機」と「外発的動機」があります。これは簡単に言うと、やる気のみなもとが内にあるのか、外にあるのかの違いです。

例えば、「この仕事は1つ1つが勉強になるので楽しい」「仕事で技術を磨けることがおもしろい」「その仕事を通して社会に貢献できるのでやりがいがある」というのは、内発的動機が刺激されている状態です。仕事の内容そのものに魅力があり、自分の内側にある興味や好奇心に自然と火が着いてやる気が生じています。起点は内にあります。

他方、外発的動機は起点が自分の外にあります。「この仕事をやればよい収入が得られる」「この仕事をやらないと上司から叱られる」「この仕事は人からカッコよく見られるのでやってみよう」といった具合です。仕事の内容はさておき、自分の外側にあるもの（金銭的報酬とか権威者の圧力、世間の評判など）が意欲を誘い出しています。

次ページのイラスト図で説明しましょう。Aさんは上司から業務改善レポートを毎週提出するよう言われています。もしAさんがこの業務に対し、「これはいつも自分によい気づきを与えてくれる」と仕事そのものに意義を感じ、すすんで書こうとしているなら、これは内発的動機がはたらいている状態です。

それとは異なり、「このレポートを書かないと課長に叱られる」というので、いやいや書くとすれば、それは外発的動機によって動かされている状態といえます。

内発的動機と外発的動機

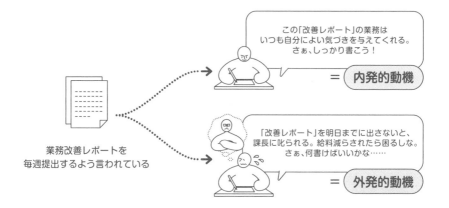

業務改善レポートを
毎週提出するよう言われている

この「改善レポート」の業務は
いつも自分によい気づきを与えてくれる。
さぁ、しっかり書こう！
＝ 内発的動機

「改善レポート」を明日までに出さないと、
課長に叱られる。給料減らされたら困るしな。
さぁ、何書けばいいかな……
＝ 外発的動機

　内発的動機は、その人の意志的なやる気を起こさせ、意欲が長持ちします。仕事そのものに魅力や意義を感じているからです。他方、外発的動機はその人のやる気を反応的に起こさせますが、その意欲は長持ちしません。仕事そのものに魅力や意義を感じていないからです。

　働くうえでは、もちろん内発的動機をわかせてやるのが一番です。しかし、ときに外発的動機が有効な場合もあります。任された仕事が最初は気の乗らないもので、でも給料をもらうためにはしょうがないとやりはじめたところ、実際やっていくうちにその仕事が好きになるという可能性があります。

そのように、いわば"食わず嫌い"だった仕事でも、外発的動機によって動かされることで、その仕事の実際を体験することとなり、結果的に自分を拡大・成長させることができたということも起こりえるのです。人は内発的動機によってだけやることを選ぶとすれば、好きなことしかやらなくなり、自分を狭めることになってしまいます。外発的動機につられてやることにもメリットはあります。

■ 利己的動機と利他的動機〜この仕事はだれのためか

次にもう1つ別の分類、「利己的動機」と「利他的動機」をみていきましょう。利己的動機とは、自分の利益を第一に置く動機です。その仕事をすることで、自分が得をする。有利になる。その会社を選ぶことでいろいろ自分が守られる。それらが最優先の理由になるとき、利己的な動機がはたらいていることになります。

それに対し、利他的動機は他者の利益が第一にあり、他者が喜べばその結果、自分もうれしいという動機です。自分の損得勘定よりも他者への思いやりや社会への貢献意識を優先させる行動理由です。

この仕事をやることは…

一般的に、利己的動機は何かよくないもので、利他的動機は高尚であるようにとらえられる傾向があります。利己的動機はそれ自体けっしてわるいものでも、恥ずべきものでもありません。一人の人間が自立して生きていくために、お金を稼ぎ、家族を養い、自分を伸ばしていく。そのために自己を優先させる選択をしていく。それは当然のことです。利己的動機を封じて、利他だ利他だということで、自分の生活も成り立たせられないようでは、かえって他者や社会に迷惑をかけてしまうでしょう。個が自立するために、利己的動機は基盤にあってよいものです。

　わるいのは、利己的動機のみが暴走してしまう状態です。自分は全体の環のなかで生き、生かされているという認識を持ち、ときに利己を制し、利他の精神でふるまう。そうした思慮深い中庸の姿勢が大事だといえます。

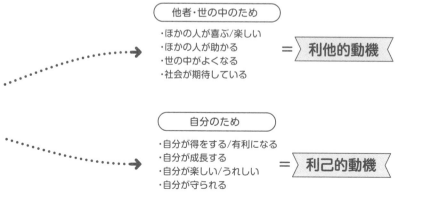

■ 自分の心のなかには いろいろな動機が混ざり合っている

さて、今回ここでは動機を「内発的／外発的」「利己的／利他的」で分けてみてきましたが、実際のところ、人間の心はとても複雑ですから、これらの動機が渾然一体となってあなたの心のなかにわいています。

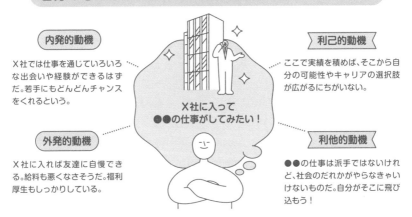

自分の心のなかにはいろいろな動機が混ざり合っている

内発的動機

X社では仕事を通じていろいろな出会いや経験ができるはずだ。若手にもどんどんチャンスをくれるという。

外発的動機

X社に入れば友達に自慢できる。給料も悪くなさそうだ。福利厚生もしっかりしている。

X社に入って
●●の仕事がしてみたい！

利己的動機

ここで実績を積めば、そこから自分の可能性やキャリアの選択肢が広がるにちがいない。

利他的動機

●●の仕事は派手ではないけれど、社会のだれかがやらなきゃいけないものだ。自分がそこに飛び込もう！

例えば、「X社に入って●●の仕事がしてみたい！」と志望するとき、あなたの気持ちは、ある部分、内発的にわいている興味もあれば、外発的に誘われている関心もあります。また、一部に利己的な意欲もあれば、一部に利他的な使命感もあります。そのように、人が仕事や会社に持つ動機はひとつではなく、いろいろな動機が混ざり合い、綱引きをし合いながら、自分の心が決まっていくわけです。

#25 「働きがいのある仕事」とは

■ 私たちは労働と労働対価を天秤にかける

世の中には実にさまざまな仕事があります。どうせ働くなら、「働きがいのある仕事」を選びたいものです。さて、今回はこの「働きがい」がテーマです。

働きがいの「がい」とは、「かい（ここでは甲斐という漢字を当てます）＝効果や値打ち」のことです。すなわち働きがいとは、働いた後の効果や働く値打ちのことをいいます。これを下のイラスト図で説明していきましょう。

「甲斐（かい）がある/ない仕事」とはどういうことだろう

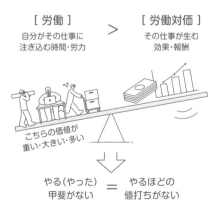

[労働]
自分がその仕事に
注き込む時間・労力

＞

[労働対価]
その仕事が生む
効果・報酬

こちらの価値が
重い・大きい・多い

⬇

やる（やった）　＝　やるほどの
甲斐がない　　　　　値打ちがない

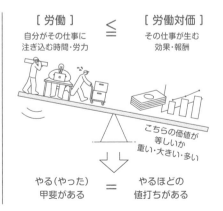

[労働]
自分がその仕事に
注き込む時間・労力

≦

[労働対価]
その仕事が生む
効果・報酬

こちらの価値が
等しいか
重い・大きい・多い

⬇

やる（やった）　＝　やるほどの
甲斐がある　　　　　値打ちがある

まず、「労働」というものを考えます。ここでは自分がその仕事に注ぎ込む時間や労力をいいます。そのとき人は、ただ労働しっぱなしで労働を続けるのではなく、自分が労働することで、何か返ってくるもの、何か報われるものを欲します。それが「労働対価」というもので、その仕事が生む効果や報酬です。

　あなたがやる労働は価値です。そして労働対価も価値です。この２つの価値を天秤にかけ、どちらが重いか、大きいか、多いかをみます。

　「労働＞労働対価」であれば、それは自分の労働が十分に報われていない状態であり、「やる甲斐がない｜やるほどの値打ちがない」ということになります。平たく言うと、あなたはある仕事をやり遂げるのに「10」を注ぎ込もうとしています。ところが、それによって得られる効果や報酬が「6」だとすると、それは「働きがいのない仕事」になるでしょう。

　逆に、「労働≦労働対価」であれば、それは自分の労働が報われている状態となり、「やる甲斐がある｜やるほどの値打ちがある」ということになります。その仕事をやりきるのに「10」を注ぎ込むことが必要で、でも「12」の効果や報酬が返ってくるとすれば、それは「働きがいのある仕事」になります。

■ 「労働の対価」にはいろいろある

　このように働きがいは、労働と労働対価を天秤にかけるところで生じているのですが、その「労働の対価」にはどんなものがあるのでしょう。労働の対価になるものは、冒頭にも触れたとおり、その仕事（労働）が生む効果や報酬です。これを大きく３つのグループに分けてとらえてみましょう。それを示したのが次の図です。

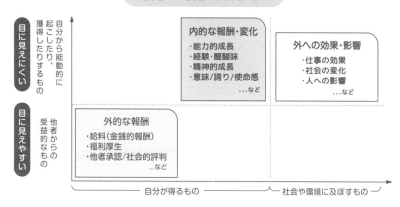

労働の対価となるもの

目に見えにくい — 自分から能動的に起こしたり、獲得したりするもの

内的な報酬・変化
・能力的成長
・経験・醍醐味
・精神的成長
・意味/誇り/使命感
…など

外への効果・影響
・仕事の効果
・社会の変化
・人への影響
…など

目に見えやすい — 他者からの受益的なもの

外的な報酬
・給料（金銭的報酬）
・福利厚生
・他者承認/社会的評判
…など

← 自分が得るもの → ← 社会や環境に及ぼすもの →

　まず1つ目に「外的な報酬」があります。すなわち、給料（金銭的報酬）や福利厚生、他者からの承認、社会的評判などです。私たちは労働の対価として、給料をたくさんもらいたい、福利厚生も充実させてほしい、他者から承認されたいし、評判にもなりたい。これらがより多く得られる仕事なら、それは働きがいのあるものになる。

　2つ目に「内的な報酬・変化」があります。その仕事をやることによって、その対価として能力的成長、経験・醍醐味、精神的成長、意味/誇り/使命感が得られる。その場合、それはとても働きがいのある仕事だといえるでしょう。

　3つ目に「外への効果・影響」。その仕事をやることによって、大きな効果が出る、社会に変化が起きる、人にさまざまな影響を与えることができる。私たちはこうした仕事に働きがいを感じます。

■ ほんとうの「働きがい」は与えられるものではなく、
　　掘り起こすもの

　働きがいというのは働く本人が感じ取るものです。そのため、同じ内容の仕事で
あっても、ある人は働きがいがないと感じ、別の人は働きがいがあると感じる場合
があります。それは労働の対価として何を天秤にかけ、働きがいとするかの目線が
人それぞれに違っているからです。そのことを示したのが次の図です。

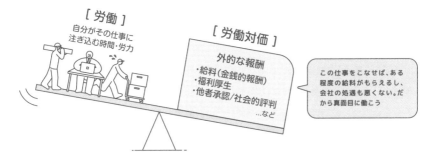

　まず、私たちは働くことに対し、受益志向的な目線と挑戦志向的な目線の2つを
持っています。受益志向とは、働くことは基本的につらいことなので、働いたこと
と交換に何か利益を受け取りたいと欲する傾向性です。また挑戦志向とは、働くこ
とは基本的に何かに挑戦していくことであり、そこから何を得ようとするかは自分
の掘り起こししだいという構え方です。

　したがって、受益志向的な目線は、労働の対価として「外的な報酬」を天秤の向こう

に置きます。自分が注ぐ労働と比較して、それを超えるだけの金銭、物的恩恵、承認評価が得られるかどうかを気にするのです。受益志向の人にとって、働きがいは他者（会社や周囲の人）から受け取るもの、与えられるものによって決まってきます。

挑戦志向的な目線

[労働]
自分がその仕事に
注ぎ込む時間・労力

[労働対価]

内的な報酬・変化

・能力的成長
・経験・醍醐味
・精神的成長
・意味/誇り/使命感
　　　…など

この仕事は失敗するかもしれない。だが、自分を成長させてくれるだろう。そこに働きがいがある！

[労働]
自分がその仕事に
注ぎ込む時間・労力

[労働対価]

外への効果・影響

・仕事の効果
・社会の変化
・人への影響
　　　…など

この仕事は派手なものではない。だが、社会をよりよく変化させるものだ。そこに働きがいがある！

　一方、挑戦志向的な目線は、「内的な報酬・変化」や「外への効果・影響」を天秤の向こうに置きます。自分が注ぐ労働と比較して、それを超えるだけの成長や経験、意味・誇り、社会への影響がありそうだ、あるかもしれないと思えれば、「働きがいがある。やっ

てみよう！」という決心になるのです。いや、真に挑戦志向の人は、天秤にかけること
すらしないかもしれません。挑戦自体がおもしろい、意義のあることなら、たとえ骨折
り損のリスクがあるにしてもそれをやるでしょう。

　そのように挑戦志向の人は、働きがいの源泉——それは成長の可能性や意味・誇り、
使命感、社会への影響性といった目に見えにくいもの——を自分で掘り起こそうとし
ます。

　「働きがいのある仕事」というのは、あらかじめ世の中に固定的にあるわけではあり
ません。あなたがどんな目で働くことを見つめ、その仕事から「働きがいのもと」を
どう見つけ出すかで生じてくるものです。

　受益志向が強い人は、会社が与えてくれる報酬的なものによって働きがいの度合い
が左右されるでしょう。挑戦志向が強い人は、その仕事が内包する可能性や精神的な
価値の掘り起こし具合によって、働きがいが決まってくるでしょう。

〈あり方〉から考え学ぶBE-Learning

第6限

「じぶん」ってなんだ？

自分は何者であるか

━「外からの目」によってつくられる自分

　私たちは日々の生活で、つねに何かを考え、何かを行っています。そして周囲の人から何かしら自分への反応を得ています。これらの思考と行動と反応の積み重なりによって、私たちは「ああ、自分というものはこういう存在なんだな」と認識を強くしていきます。そうした自己認識がいわゆる「アイデンティティー」と呼ばれるものです。

　そんななかで、自分の行動として次のようなことがたくさんあるのではないでしょうか。例えば───人にほめられたいから●●する。人に認められたくて●●になる。世間体を気にして●●しない。「いいね！」がほしいから過剰に●●してみせる。一般観念（社会全体の考え方）がこうだから●●の選択をする……。

　他人に認められたいからという「承認欲求」はそれ自体わるいものではありません。それによって自分を伸ばそうとする動機が起こりますから。また、「世間の常識だからこうすべき」とか「大人であればこうあるべき」といった一般観念も、自分の内に規範の土台をつくるうえで大事なものです。

　しかし、「承認欲求漬け・一般観念漬け」になってできあがる自分というものは、いわば「外からの目」によってつくられた輪郭を生きる自分です。その輪郭線はぼーっとしていて、移ろいやすい。それに従ってどこまでがんばってみても「確かな自分」に出合うことはありません。「自分らしきもの」をフワフワと演じるにとどまります。

アイデンティティーとは「これがほかならぬ自分だ」という確信です。他者の目や評価にキョロキョロすればするほど、アイデンティティーの確立からは遠ざかってしまいます。

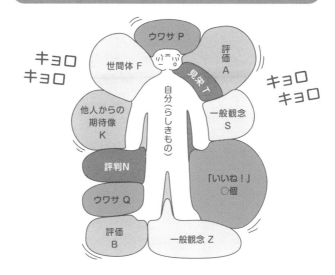

「外からの目」によって自分の輪郭がつくられる

キョロキョロ

キョロキョロ

ウワサ P

世間体 F

評価 A

見栄 T

自分（らしきもの）

一般観念 S

他人からの期待像 K

評判N

ウワサ Q

「いいね！」○個

評価 B

一般観念 Z

━━「自分が何者でありたいか」の輪郭線は　内側から描かれなくてはいけない

　一方で私たちは、何か思うべきものに向かって決意をし、その実現の坂を上っていくときがあります。他人の目や評価を気にせず、自分の信じることに専念するときです。実はそのときが、内側から力がわき、意志がからだに充満して、自分は何者であるかという輪郭線が太く表れるときです。確固たるアイデンティティーは、

そのようにわき起こる意志と活動のなかに生じます。

　そして振り返れば、他者もその姿に目を見張ってくれている。それこそが自他ともに認める「自分のほんとうのありよう」を獲得できたときです。

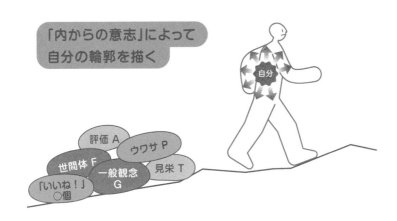

「内からの意志」によって
自分の輪郭を描く

自分

評価 A

ウワサ P

世間体 F

一般観念
G

見栄 T

「いいね！」
○個

━ 他人の目を気にせず、みずから信じるものに専念する

　「自分は何者であるか」という自己認識は、このように「外からの目」と「内からの意志」の両方によってつくられます。若い読者のみなさんはこれまでどちらかというと「外からの目」主導で自分の思考や行動を重ねてきたのではないでしょうか。それはそれでごく自然なことです。

　なぜなら、まだ人生経験が少ないために、親（保護者）や学校の先生といった人生の先輩の意見や反応を聞き入れ、それに従って生きることが主だったからです。

また思春期というのは、周囲の注目や評価にことさら敏感なときです。「他人からこう見られたい」「周りの目を引きたい」という一心で本意でない行動もしがちです。SNSなどを使った情報発信が手軽にできる時代ですから、なおさらおおげさに自分を演出したくなるわけです。

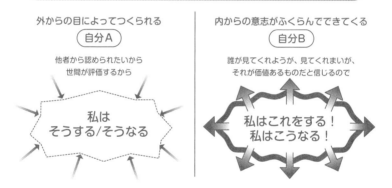

自分A／自分B──あなたはどちらが主導的だろう？

外からの目によってつくられる
自分A

他者から認められたいから
世間が評価するから

私は
そうする／そうなる

内からの意志がふくらんでできてくる
自分B

誰が見てくれようが、見てくれまいが、
それが価値あるものだと信じるので

私はこれをする！
私はこうなる！

　　自分の輪郭線がかなりの部分、他者からの目によってつくられてきたみなさんですが、これからはいよいよ、就職活動をし、社会人となって仕事を持ち、独立した生活に入っていきます。そうしたなかでは、だれが見てくれようが、見てくれまいが、それが価値あるものだと信じるので「私はこれをする！　自分はこうなる！」といった強い想いが必要です。そのような内側からの意志のふくらみによって描かれる自分の輪郭線が、ほんとうの自分の姿です。

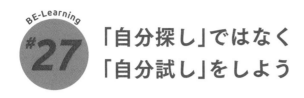

「自分探し」ではなく
「自分試し」をしよう

■「自分探し」は「ないもの探し」に陥ることがある

ある家庭での笑い話を1つ───

> 中学2年生のケンタは学校の部活から帰ってきて、おなかがペコペコ
> だ。ケンタは、てっきり母親が晩ご飯のおかずを作り置きしてくれて
> いるものと思い、テーブルの上や冷蔵庫のなかを見回って探す。しかし、
> どこにも見つからない。しかたがないので、ケンタは自分で簡単な玉
> 子焼きを作り、ご飯といっしょに食べた。そうこうするうちに母親が
> 帰ってきた。ケンタは口をとがらせて、「かあさん、晩ご飯のおかずど
> こだったのぉ?」ときくと、母親は「ごめーん、作っとくの忘れてたわ」
> ……。

これはどこの家庭でもよく起きそうな話です。結局ケンタは、そもそもないものを探
し回っていたわけです。しかし、最後は自分で作って、お腹を満たした。

よく「自分のやりたいことがわからない」「目指すべきものが見当たらない」、だから「自
分探しをしています」という人がいます。しかし私はこの表現に少し違和感を持ってい
ます。なぜなら、探すということは、暗黙のうちに、いまどこかに求めるものが存在し
ている、正解値があるということを期待する姿勢だからです。

はたして夢や志、そしてほんとうの自分は、既製品としてどこかに存在するものでしょ

うか？　おそらくいまどこにもないでしょう。それらは未知のなかに"つくっていく"ものととらえるのが、確実な近道です。ケンタが結局自分で玉子焼きをこしらえたように、職業人生の目的や目標は自分自身でつくり出さなければ、どこまでも存在しないものです。

　私はこれまでに数多くの人のキャリアを観察してきました。そのなかで、自分が納得のいく仕事に出合い、嬉々として働いている職業人を何人も見てきました。彼らは例外なく、その仕事やその環境を"つくり出した"人たちです。既製品の何かがあって、それを探したというわけではないのです。

■ ベクトル・イメージ・自分試し・フィードバック

　ですから、「自分のやりたいことがわからない」「目指すべきものが見当たらない」という人に必要なのは、「自分探し」ではなく「自分試し」です。「自分のやりたい／なりたい」をつかむためにどうすればいいか。そのヒントの1つをBefore→Afterで示したのが次の図です。

「自分のやりたい/なりたい」をつかむために

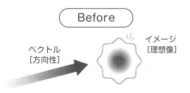

Before

ベクトル
［方向性］

イメージ
［理想像］

・興味/関心　　・大切にしたい価値
・その進むべき方向性に誇り/喜び/意味を感じられること

ともかく最初におぼろげでもいいから
ベクトルとイメージを持つ。

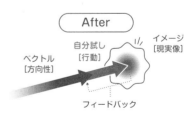

After

ベクトル
［方向性］

自分試し
［行動］

イメージ
［現実像］

フィードバック

・他者の反応　・状況の進展　・自分のなかの気づき

そして「自分試し」を繰り返す。
フィードバックによって次第に
ベクトル・イメージが鮮明になってくる。

ともかく最初に、おぼろげでもいいから「ベクトル」と「イメージ」を持つことです。ベクトルとは心の方向性です。興味や関心、大切にしたい価値をいいます。あるいは、その方向性に進んでいくことで誇りや喜び、意味を感じられることです。そしてイメージは理想像です。

　大事なのはここからです。そのベクトルに沿って、あるいはそのイメージに向かって、何か行動で試してみることです。どんな小さな行動でも、フィードバックが起こります。つまり、他者の反応や、状況の進展、自分のなかの気づきです。そして、追加したり補強したりして、また試す。するとまた、フィードバックが起こる。

　これを繰り返していくと、しだいに自分のなかのベクトルが鮮明に強くなってきます。そして理想像だったイメージが、具体的に目指したい現実像に変わってきます。

■■■「自分試し」は着実な「自分づくり」

　このようにBefore→Afterの図で原理を説明してしまうとどこかあっさりとしてしまうのですが、実際の人生やキャリアはもっと複雑で進展が重いことを覚悟してください。労力や時間、忍耐が要ります。

　自分のベクトルやイメージが薄ぼんやりしたなかで、試し行動を重ねるのはおっくうだし、不安だし、失敗もある。しかし、自分らしく納得できるキャリアをつかむためには、こうした自分試しという「もがき」のプロセスが不可欠です。もがいて、もがいて、でも自分試しを飽きずに重ねる。そうしてもがく先で、あるとき霧が晴れ、一筋の道が見えてくることになるわけです。

世の中には確かに、自分の進む道がすっと決まって、すっとその職業や立場を手にしてしまう人がいます。しかし、そうした最短距離で一直線に省力でたどり着いたキャリアというものは、反面もろいかもしれません。「自分試し」という鍛錬のプロセスを経ていないからです。「自分試し」は知らずのうちに「自分づくり」にもなっています。そのプロセスは、容易に崩れない強い自分を築き上げるものです。

■ 行動で仕掛けたごほうびとして「夢・志・天職」を得る

いずれにせよ、「自分探し」というふんわりした気分で漫然と出合いを求め、現状から逃げても、手ごたえある光はつかめないことのほうが多いでしょう。

要は、何かしら方向性や理想像を抱き、そこに行動で仕掛けていくという一歩が必要です。夢や志、天職をつかんだ人は、だれしもそれを漫然とつかんだわけではありません。人知れず勇気を起こして、ねばり強く、行動で仕掛け続けた結果、その "ごほうび" としてそれを受け取っているのだと思います。「青い鳥」を探すのではなく、まず、目の前にある土を掘り起こして、種を一粒でも二粒でもまくことから始めたい。やがて、その芽吹いた植物が樹となり森をつくり、自分が職業人として躍動できる場になっていくでしょう。そのとき逆に、その森に「青い鳥」だってやってくるのです。最後にピカソの言葉を添えておきます。

着想を、それがぼくの心に浮かんだとおりに
定着できることは稀なのだ。仕事にとりかかるや否や、
別のものがぼくの画筆の下から浮かびあがるのだ。
……描こうとするものを知るには、描きはじめねばならない。

—パブロ・ピカソ（芸術家）

「自立」と「自律」そして「自導」

BE-Learning
#28

━ 独り立ちを表す2つの「じりつ」

　自立と自律───この2つの「じりつ」は区別があいまいに使われがちですが、意味が異なります。

　わかりやすくたとえて言うと、ハイハイをしていた赤ん坊がしばらくしてみずからの2本の脚で立ち上がる。これが「自立」です。そして自分の脚で立った後、今度は自分の意志のもとに方向づけして進んでいく。これが「自律」です。

　すなわち自立が、能力・経済力・身体といった "外的な" 要素の独り立ちを表すのに対し、自律は、価値観・信条・理念・哲学といった "内的な" 要素の独り立ちを表します。

　今回はこの自立と自律、そして「自導」といった発展的概念について考えていきましょう。

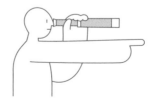

■■「自立」に必要な３つのこと～技術・お金・健康

　まず、職業人としての「自立」をみていきましょう。自立には次の３つの要素があげられます。

[1] 技能的自立　　[2] 経済的自立　　[3] 身体的自立

　1番目として「技能の自立」。だれしも入社したては先輩社員や上司から仕事のイロハを教えてもらい業務の方法を覚えます。そしてやがて仕事全体の流れや事業の仕組みを把握し、自分なりに改善点や新しい工夫を加えていけるようになります。これが技能的自立です。

　2番目に「経済の自立」。たいていの場合、中学、高校、大学を卒業するまでは保護者からの経済的支援や奨学金をもらうなどして学業生活を送ります。そこから学校を卒業して就職すれば、当然、経済的に保護者から独立し、自分の収入で生計を立てることになります。人生のステージが進むにつれて、結婚や子どもの誕生、不動産購入などが予想されるため、それに合わせて家計のやりくりや貯蓄をしていかねばなりません。これが経済的自立です。

　3番目に「身体の自立」。他者の介助を受けずに、食べられる、歩ける、寝ることができる。そして日々働くことができる。そのように、健康を維持して生活のことを一人できちんとできることは、自立の基盤を成すもっとも大事な部分です。

　健常者にとっては当たり前すぎて見過ごしがちですが、例えば交通事故で大けがをしてしまったり、メンタルヘルスを病んでしまったりすると、自立生活がとたんに脅かされることになります。

━「自律」に必要なのは理念・信条・哲学

みずから立った後は、みずから方向づけして行動ができるようになる。この状態が「自律」です。いわば「内的な独立」と言ってもよいでしょう。

「あの人の判断・行動はぶれないね」と言うとき、何がそうさせているのでしょう。それはその人が内に持つ「律」です。さまざまな情報や状況に接したとき、律が判断基軸になります。律は規範やルールということですが、それを確固として持つためには、自分なりの理念や信条、価値観、哲学を醸成しておく必要があります。自律はそのように意識やマインドといった内的領域にかかわるものです。

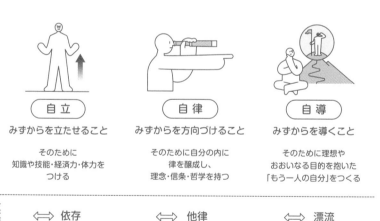

自 立	自 律	自 導
みずからを立たせること	みずからを方向づけること	みずからを導くこと
そのために 知識や技能・経済力・体力を つける	そのために自分の内に 律を醸成し、 理念・信条・哲学を持つ	そのために理想や おおいなる目的を抱いた 「もう一人の自分」をつくる

| 反意語 | ⟺ 依存 | ⟺ 他律 | ⟺ 漂流 |

■「自導」とは内なる声が
迷える現実の自分を導くこと

「自導」はここだけの造語で辞書にはのっていない言葉ですが、英語には「セルフ・リーダーシップ｜self-leadership」という言葉があります。自導とは、「内にいるもう一人の自分」が現実の自分を導くことです。

ここで言う「もう一人の自分」とは、目的や理想、夢や志を抱いた内面の自分です。現実の自分がどうしようかと迷っているときに、一段高いところから状況を眺め、進むべき方向を示してくれるはたらきをします。

自律と自導はどちらも方向性に関するもので、その点では共通するところがあり、相互に影響しあってもいます。

自律はどちらかというと直面している状況に対し、自分の律でどう判断するかという現実的な思考です。他方、自導は目的や理念、最終到達点から逆算して、自分はどこを向いていくべきかという未来思考のものになります。

また、自律的であるためには冷静さが求められるのに対し、自導的であるには、抗しがたくわき起こってくる内なる声、心の叫びが必要であり、その意味では熱さを帯びる性質のものです。

━━ 航海のメタファーでみる「自立・自律・自導」

ではこれら3つの概念を航海に例えて押さえてみましょう。

自立	自律	自導
船	羅針盤	目的地入り地図
海に耐えうる船をつくること	羅針盤を持っていること	目的地を描いた地図を 持っていること

　職業人として仕事を続けていくうえで私たちはまず、能力・経済力・体力をつけて自分を性能のよい頑丈な船にしていくことが求められます。ぜい弱で非力な船では航海が危うくなります。これが「自立」への挑戦です。

　そしていろいろな仕事を任され、成功や失敗を繰り返し、同時にいろいろな考え方の人と交流し、自分の内に社会的な常識や倫理観、価値観を醸成していきます。さらには理念や信条、哲学を持ちます。それが自分の羅針盤となります。羅針盤がしっかりしていれば、どんな情報や状況に接してもブレない判断が下せるでしょう。これが「自律」への挑戦です。

そしてもう1つ「自導」への挑戦があります。キャリアは何十年と続く長い道のりですが、最終的に自分はどんな目的地にたどり着こうとしているのか。どんな意味のもとに働き続けるのか。これをつかみとることです。最終的な到達点や理想・意味がわかっていれば、あなたの航海は漂流することはありません。ただ、目的地がみえてくるには年月がかかることなので、けっしてあせる必要はありません。

ともあれ私たちは社会に出て、人それぞれにキャリアという大海原に放り出されます。そのとき、「自立・自律・自導」といったことを意識しながら働くのか、それともそれらをまったく意識せずに働くのか———この差はとても大きいものになるでしょう。

航海のメタファーでみる〈自立・自律・自導〉

——— 船をつくれ・羅針盤を持て・目的地を描け！

自立するとは

航海に耐えうる船をつくること。
能力・経済力・体力をつけて自分を
性能のよい頑丈な船にする。
（ぜい弱で非力な船では航海が危うい）

自律的であるとは

羅針盤を持っていること。
どんな情報・状況に接しても
ブレない判断が下せる。

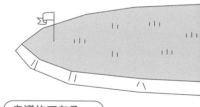

自導的であるとは

目的地を描いた地図を持っていること。
最終的な到達点や理想・意味がわかって
いれば漂流することはない。
（ただ、目的地が見えてくるには年月がかかる）

#29 2つの「自信」

■ みずからの"何を"信じるのか〜自信の2種類

「自信」とは「みずからを信じる」と書きます。さて、みずからの何を信じることなのでしょう。

今日では、何か目標や課題に対し、それをうまく処理し、具体的な成果をあげられると強く思っている。それを「自信」と言っている場合がほとんどのようです。つまり、信じるものは「みずからの能力と成果」です。

しかし、自信とはそれだけでしょうか？　自信という言葉はもっと大事なものを含んでいないでしょうか……？

『広辞苑 第七版』によれば、自信とは「自分の能力や価値を確信すること。自分の正しさを信じて疑わない心」とあります。そう、能力を信じる以外に、自分の「正しさ」を信じることも自信です。

ですから、たとえ自分の能力に確信がなくとも、自分に（自分のやっていることに）価値を見出し、意味や正しさを強く感じているのであれば、「自信がある」と言い切っていいのです。

成果が出せるかどうかという自信Xを問いすぎる現代社会

そこで、自信を次の2つの種類に分けてみます。

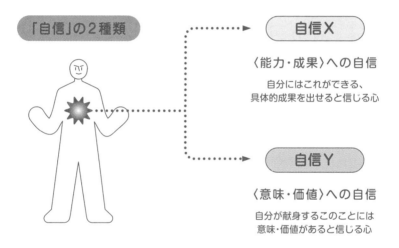

「自信」の2種類

自信X

〈能力・成果〉への自信

自分にはこれができる、
具体的成果を出せると信じる心

自信Y

〈意味・価値〉への自信

自分が献身するこのことには
意味・価値があると信じる心

例えば、あなたが課外活動で音楽部に所属して楽器演奏をしているとしましょう。そのときに、「自分は楽器をうまく弾ける」という気持ちがあれば、それは自信Xです。

あるいは一方、「自分は楽器をうまく弾けるわけではないけど、自分の演奏によってだれかを癒すことができるかもしれないので演奏活動を続ける」、これは自信Yです。

学校にせよ、職場にせよ、いまの社会では何かと能力と成績が問われます。そのために、「自分には能力がないのではないか」「他人より優れた成果を出すことができるだろうか」「できない人間という烙印を押されたくない」といった不安や圧迫に締めつけられてしまうことが多いものです。そして結果を出せないことで「自分は無能だ」といたずらに自分を追い込んでしまう。

■ このことには価値があるという自信Ｙを掘り起こそう

　いまの社会は残念ながら、あまりにも「自信Ｘ」を問うことに目が偏りすぎています。こうした現状にあって私たちにとって大事なことは、もう一方の「自信Ｙ」をしっかりと掘り起こすことです。

　自分にはたして能力があるのか、それで成功できるのか、などをいちいち深刻にとらえず、みずからのやっていることを信じ、肚を据えてひたむきにその活動・仕事と向き合う。そして自分がつくり出すものを世間に「これでどうだ！」とぶつけることをやり続ける───これもまちがいなくひとつの自信の姿なのです。

　「自信Ｙ＝やっていることへの自信」は、何よりも "粘り" を生む。能力の未熟さや資質の不足から苦労は絶えないでしょうが、自分が価値を見出している活動・仕事であるから、粘れるのです。粘れるとは、多少の失敗にもくじけない、踏ん張りどころで知恵がわく、楽観的でいられる、そんなようなことです。

　そうしてもがいているうちに、ほんとうに必要な能力もついてくる、成果も出はじめる。自信Ｙがベース（下地）にあれば、自信Ｘは時間と労力の積み重ねのうちについてくるともいえます。

━ 自信は意欲と結びつき、
　自分を「高く、遠く」に運んでくれる

　自信Xと自信Y。どちらの自信にせよ、これらを持つことは大事です。自信は精神力の地盤を固くするとともに、人を高みに引き上げ、人を遠くに行かせてくれるからです。

　今回は最後に、自信が意欲と結びつき、自分をタテとヨコに動かすことを補強しておきましょう。下の図をみてください。

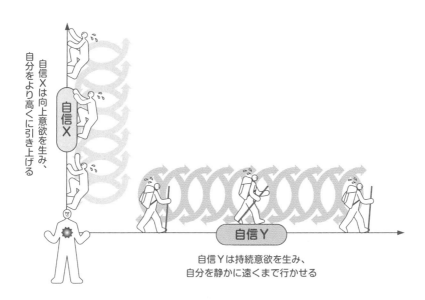

自信Xは向上意欲を生み、
自分をより高くに引き上げる

自信X

自信Y

自信Yは持続意欲を生み、
自分を静かに遠くまで行かせる

自信Xは、自分が●●できる力を信じることでした。もし、あなたがむずかしい課題を解決できたり、何か満足のいく成果をあげられたりしたとき、自信Xが自分のなかに起こります。すると「もっと上のレベルに取り組んでみよう」という意欲がわきます。そのように自信Xは向上意欲と結びつき、どんどん自分を高くに引き上げてくれます。

　また自信Yは、自分がやっていることに対し意味や価値を信じることでした。もし、あなたがその活動や挑戦に強い意義を感じているなら、たとえ一時的に失敗したとしても、また周囲からの批判や無関心にさらされても、それを続けるでしょう。自信Yは、持続意欲（というか執念・粘り強さ）を呼び込むからです。

　このように自信Xは自分をより高くに引き上げ、自信Yは自分を静かに遠くまで行かせるはたらきがあります。

　長い人生・キャリアを考えたとき、ベースに置きたい自信は、先ほど述べたように自信Yのほうです。なぜなら、ものごとは負けたら終わりではなく、やめたら終わりだからです。自信Xだけをみている人は、失敗によって落胆し、そこで取り組みをやめてしまうかもしれない。しかし自信Yの人はやめないのです。持続することで、その先でいろいろなことと出合っていく、それが自信Yをベースにした生き方です。

#30 自分に克つ

━━ 他者との比較・競争のなかで生きる時代

　私たちは競争社会に生きています。受験合格、志望会社への就職、会社のなかでの昇進、事業・商売での成功など、そこにはつねに他者との勝負があります。他者との比較を通じて、自分の存在を浮き立たせたり、逆に沈ませたり。

　さて、会社のなかでのキャリア形成は、よく「すごろく」に喩えられます。昭和の時代ほどガチガチなすごろくではないにせよ、令和の時代においてもその本質構造はあまり変わっていないように思えます。すなわちこのキャリアすごろくは、他者よりも「多く・速く・上手に」、組織が要求する成果をあげてゴールを目指すものです。競走の勝ち負けは「数値」で判断されます。サイコロの目がどう出るかという運も左右します。

　こうした組織内のキャリアすごろくに限らず、他者と比べて「勝った／負けた」という競争や評価は現代社会で生きていくうえでついて回るものです。

　例えば、あなたが何か趣味活動をやっていて、その情報をSNSで発信しているとしましょう。あるとき趣味仲間が集まり、互いのフォロワーの数が何人いるかの話題になった場合、やはり自分と他人との数の違いが気になるでしょう。それによって自慢できたり悔しがったりします。嫉妬するかもしれません。

もちろんこうした他者との勝負に勝つにこしたことはありません。しかし、勝つこと自体を過度に目的にしたり、他者との比較に過度に縛られたりするとよからぬことも生じます。すなわち、不正が起こったり、精神を病んだり。

■ 勝負の2種類〜他者との勝ち負け・自分との勝ち負け

　勝負には２つあります。「他者との勝負」と「自己との勝負」。自己との勝負を「克己（こっき）」といいます。「己（おのれ）に克つ」とは、自分のなかにある弱い心を打ち払い、強い心で自分を押し進めていくことです。

　怠惰、逃避、悲観、愚痴、放縦など欲望に流される状態は、負荷が少なくラクです。これらは生活のところどころで休息として、癒やしとして、廻り道として必要なものではあるものの、何かを成し遂げるエネルギーにはなりません。何かを成そうと思えば、やはり勤勉・挑戦・楽観・覚悟・自制など強い心が優位にならねばなりません。

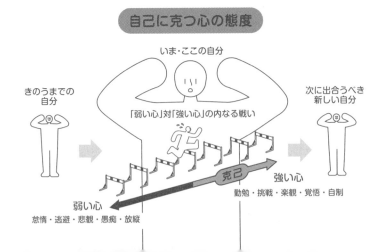

自己に克つ心の態度

いま・ここの自分

きのうまでの自分

次に出合うべき新しい自分

「弱い心」対「強い心」の内なる戦い

克己　　強い心
　　　勤勉・挑戦・楽観・覚悟・自制

弱い心
怠惰・逃避・悲観・愚痴・放縦

私たちは朝起きてから夜寝るまで、いや寝ているさなかでも、つねに思考し、どう行動するかの選択判断をしています。生きる・働くとは、一瞬一瞬の「分岐の連続と選択の蓄積」によって形成されているといってもいいでしょう。

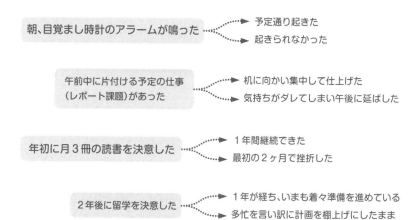

朝、目覚まし時計のアラームが鳴った　→　予定通り起きた
　　　　　　　　　　　　　　　　　　　→　起きられなかった

午前中に片付ける予定の仕事　→　机に向かい集中して仕上げた
（レポート課題）があった　　→　気持ちがダレてしまい午後に延ばした

年初に月３冊の読書を決意した　→　１年間継続できた
　　　　　　　　　　　　　　　→　最初の２ヶ月で挫折した

２年後に留学を決意した　→　１年が経ち、いまも着々準備を進めている
　　　　　　　　　　　　→　多忙を言い訳に計画を棚上げにしたまま

　このように私たちは、自分のなかの強い心と弱い心がつねに綱引きをして、人生を進めていきます。
　何十年という長きキャリアの道のりを納得のいくものにするための、あるいは100歳まで生きてしまう時代をよりよく生きるための根幹の戦いは、他者との比較競争ではなく、自己に克つという「内なる戦い」です。

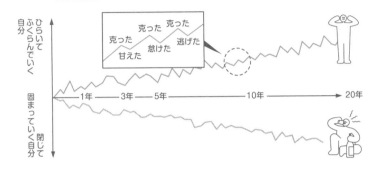

日ごろの小さな「克ちグセ」をつけるかどうかで
自分のなりゆく先は大きく違ってくる

克己という内なる戦いに意識を置く人は、自分の成し遂げたいことの意味を十分に感じ取っていて、そこから内発的なエネルギーをわかせます。それによって弱い心を打ち払い、負荷を乗り越えていきます。比較すべきは他者ではなく、昨日までの自分です。昨日よりも今日、今日よりも明日の自分がどう成長していくかに関心があります。

他者との厳しい勝負に生きるプロスポーツの世界。超一級の選手は、勝利インタビューなどでよく次のような表現をします———「これまで苦しい練習を十分にやってきたのだから、練習どおりやれば結果はおのずとついてくると信じていた」。まさに「自己に克つ」習慣が基盤としてあり、その上に「他者に勝つ」ごほうびがくるという意識構えです。

私たちは一瞬一瞬、「自分に克つか／妥協するか」という篩にかけられています。その無数の内なる戦いの蓄積が、自分のなりゆく先を決めています。

第7限

「成長」ってなんだ？

BE-Learning
#**31** 技術的成長と精神的成長

━「できないことができるようになった！」 という技術的な成長

　今回のテーマは「成長」です。人が成長するとはどういうことなのかを考えていきたいと思います。

　あなたが「自分は成長したな」と思えるときはどんなときでしょう───例えば、「今まで手に負えないなと思っていた問題がうまく処理できるようになったとき」「資格試験で1つ上の級に合格したとき」「1年前の自分が子どもだったなと思えるとき」「友だちから『●●さん、変わったね。以前だったらそんな反応しなかったもの』と言われたとき」など、いろいろあるでしょう。

　さて、成長にはまず、技術的な側面があります。これは簡単に言えば、「できないことができるようになる」「もっとうまくできるようになる」「意識せずに自然と手足が動いてものごとが処理できる」といった状態になることです。

　そのように、成長の大きな一面として技術の習得・向上があげられます。自分の能力レベルが上がって、ものごとを「よりはやく、うまく、りきみなし」に処理したり、解決できたりするのはうれしいものです。うれしいから、私たちはもっと成長したいと思います。そしてさらに努力を重ねる。

そうして努力を重ねていくと、「できた！」から「もっとうまくできた！」という状態が訪れます。そしてさらに努力を重ねる。すると「熟達の域に達した！」というレベルにまで上り詰める。……と、考えたいところですが、人の成長はそんな簡単に一方的に起こるものでしょうか？　練習や努力は能力的成長に不可欠のものですが、それらを積み重ねていけば、技術だけがすんなりと永久に伸びていくものではありません。

━━ 失敗や苦境・迷いの過程で生まれる精神的な成長

　人は技術向上だけを追っていっても、必ずどこかで停滞や行き詰まりが起こり、成長がいったん止みます。そこを打ち破って次の段階へ自分を押し上げていくために何が必要か━━それが、もう1つの成長の側面である精神的成長です。

　精神的成長は、「できるようになりたいことがうまくできない」とか、「ものごとを望

む状態に持っていきたいが、なかなか状況がそうさせてくれない」とかいったなかで、むしろ育まれるものです。忍耐力や持続力がつくことは精神的な成長の典型といえます。また苦境を乗り越えることで、自信を得たり、協力者への感謝の気持ちがわいたり、多様な価値観のなかで自分を貫き通すむずかしさを知ったり、そうした内面の変化はこの種類の成長です。

そのような精神的成長がものごとへの見方や取り組み意識を変えることとなり、それが新たな技術的成長を呼び込むことになります。成長には、技術（能力）的成長と、精神（意識）的成長の２つがあり、それが両輪として絡み合ってはじめて、人はどんどん成長していくことができます。人がその２つの成長を相互に交えて成長していく様子を簡単に示したのが次の図です。

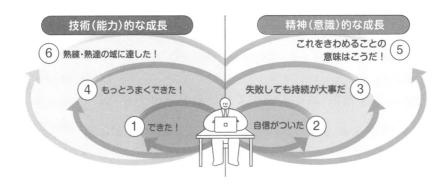

例えば───、

① 何かに懸命に取り組んで、「できた！」という技術の成長を得る。
　　↓

② すると、自信が生まれます。自信とは、「自分はこれで大丈夫だ」という強く安定した心の状態ができあがることです。これは精神的な変化で、大事な成長といえます。自信ができると、その後のちょっとした失敗や停滞にくじけなくなるからです。
　　↓

③ 自信は「何があっても持続が大事だぞ」という粘りの姿勢を生みます。これも精神的な成長です。
　　↓

④ そうした粘りのもとで鍛錬を続けていけば、やがてそこから「もっとうまくできた！」というさらなる技術の成長が起こります。しかし、技術だけに関心がある人は、ある程度うまくできるようになるとそこで成長が止みます。そこまでの技術向上に満足してしまったり、燃え尽きてしまったり、技術自体に飽きがきてしまうからです。
　　↓

⑤ ところが、その取り組みに対し、「なぜ自分はこの分野を突き進みたいのだろう？」「この技術・能力を高めることによって、自分は世のなかに対し何をしたいのだろう？」といった根本的な意味を問う。そして、その答えをつかむ。これは精神的成長のかなり進んだところにある状態で、強く深い理念・信条のもとに、揺るぎない自分を確立させています。
　　↓

⑥ そのような人は、あらゆる困難を乗り越えていく力を内面からわかせ、技術的に「熟練・名人の域」に入っていくことができます。

単純に一直線で上がっていく成長は少ない

このように、人が成長するというのは、いろいろな状況や要素がからみ単純ではありません。私たちは学業であれ、仕事であれ、取り組む活動を成功させようと努めます。成功させれば、当然、成長もします。しかし、成功ばかりが続いて、直線的に右肩上がりで成長するということはまれです。

やはり人生には、失敗や挫折といった「負の経験」がたくさんあります。迷いや廻り道をすることもしばしばです。こうした状態にあるとき、状況はわるい方向へ流れ、先が見えないように感じます。自分の能力向上もないし、成果も出ないままでしょう。

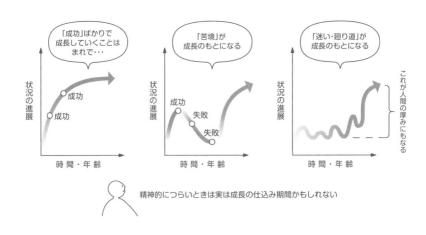

精神的につらいときは実は成長の仕込み期間かもしれない

能力的な観点、功利的な観点からみれば、こうした負の経験/負の状態というのは、歓迎できないことです。何も収穫がないのですから。しかし精神的な観点からみれば、これらはきわめて重要なものなのです。

　冒頭でも触れたように、人は状況が思うようにならないときほど、深く考えます。いろいろなことに気づきもします。成功して調子に乗っているときには見えなかったものが、よく見えてきます。人間の厚みは、こうした負の経験/負の状態があればこそできあがってくるものともいえます。

■ 成長をあせらない

　人生のうちで10代、20代というのは、肉体的にも精神的にも、そして生活的にも変化の激しい時期です。ですから、成長していない自分に気づくと、あせりが出てくるでしょう。

　だれしも、取り組むすべてのことを成功させて、成長、成長、成長といきたいものです。しかしこれまで見てきたとおり、単純に一直線で上がっていく成長はまれです。人がほんとうに成長するためには、むしろ一直線で上がっていかないほうがよいともいえます。

　失敗して精神的につらいとき、結果が出ずにもがかねばならないときは、実は次の成長のための仕込み期間かもしれません。ですから成長をあせらず、そうした負の経験/負の状態を受け入れながら、たくましく進んでいったらどうでしょうか。そういうどっしりとした心構えをつくることもまた1つの精神的成長です。

BE-Learning #32 成長の3方向〜 広げる・高める・深める

▬ 自分という「器」が3方向にふくらんでいく

　成長を「伸びていくこと」ととらえれば、その方向に次の3つがあると考えられます。つまり、自分を——

← 広げる →　　　高める　　　深める

　私たちはそれぞれに独自の「器」です。いろいろ考えたり、行動したりすることによって、自分という器がこれら3方向にふくらんでいきます。これが成長することの1つのイメージといってよいでしょう。

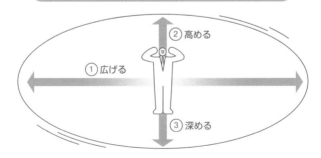

成長の3方向〜 広げる・高める・深める

② 高める
① 広げる
③ 深める

そして自分という「器」がふくらんでいく——それが成長

■ 読書・留学・旅行・ボランティアなどで自分を広げよう

　では最初に、自分を「広げる」という成長からみていきましょう。広げるとは「ヨコ方向」への伸びです。例えば、いろいろなことに取り組んだり、活動の種類を増やしたりすることによって、知識や経験の幅が大きくなる、視野が広がる、といった成長が起こります。

　それで、自分を広げていくためにどんなことを心がければいいのでしょう。

　例えば、いろいろなジャンルの読書をする。読書は自分の知る世界を広げるもっとも手軽で、しかし強力な方法です。若いうちは、いたずらに読書範囲をせまく絞らないほうがよいでしょう。できるだけ多くのジャンルに触れてください。私がいまでも習慣にしているのは、図書館に行ったとき、自分がふだん近寄らないジャンルの棚に足を運んで、ざっと本の背表紙をながめ、1冊、2冊と手に取って紙面を開くことです。こうすることで想定外におもしろい本に出合うことがあり、自分がそれまで気づかなかった自分の興味を掘り起こすことができます。

● いろいろなジャンルの
　読書をしよう

ちなみに、多様な読書の代わりに、多様なコンテンツが手軽に視聴できるインターネット上の無料動画サイトで知識吸収してもいいですか、との質問を最近よく受けます。そんなとき、私はやはり図書館のほうをお勧めしています。

　なぜかというと、ネット上の無料動画サイトのコンテンツは、内容の質という面でほんとうにピンからキリまでレベルに差がありすぎるからです。その制作物に接したとき、まずもってこの内容の真偽はどうか、この制作者はどこまで信頼できるのかなど、そこから慎重に入らねばなりません。その点、図書館に並んでいる書籍はある程度の知的レベルを確保し、内容面での信頼性をクリアした形で出版社から刊行されているので、安心感があります。ネット上の動画は、自分の興味のきっかけづくりとしてはよいものですが、自分のなかに知識を正しく広げるという点では、図書館利用のほうがよいでしょう。

　その他、学生や社会人に向け、自分を広げるヒントとして次のようなことをお勧めしています。

(学生・社会人のための) ＞自分を「広げる」ヒント

● いろいろなセミナー/
　勉強会に出かけよう

● 本業（学業または仕事）以外の
　活動も積極的に
　趣味活動、ボランティア活動、地域活動など

● 留学や旅行で見聞を広げよう

● （会社員の場合）異動は
　チャンスだと思え

● いろいろな人と出会おう

━ 自分を上へ上へと押し上げていくことは 「しんどいけど楽しい」

　次に「タテ方向」の成長をみてみましょう。これには「高める」と「深める」の２つがあります。

　まず「高める」。自分を「高める」ためには、難度の高い仕事に挑戦し、それをクリアしたり、自分の視点や立場を一段高い場所に置いてものごとに取り組んだりすることが必要になります。その他、行動のヒントとして次のようなことがあります。

学生・社会人のための　自分を「高める」ヒント

● 取り組む課題に対し、
　ゲーム感覚で小刻みに
　目標を設定し、
　越えるクセをつける

● 自分を責任者/
　仕切り役の立場に置いてみる
　（責任者はものごとに取り組む
　　視点がいやおうなしに高くなる）

● 高みに生きる
　「ロールモデル」を持つ

● 立志伝を読む

● 難しい仕事が振られたら、
　チャンスだと思う

　私たちは何かに挑むことをしなければラクなことは確かです。逆に何かに挑み、自分を上へ上へと押し上げていくことはしんどい。けれど、そこには「しんどいけど、楽しい」という感覚もあります。登山でも上っていけばいくほど、眼下に見える景色がどんどん変わっていき、その変わっていく景色がおもしろく、登った後に充実感も得られるからです。そして体力もつくし、登り切れたという自信もつく。

私たちが上へ上へと高みを目指すのは、そうした「しんどいけど、楽しい」ということを本能的に知っているからではないでしょうか。逆に、上方向を目指さず、じっとしている生活は人を不安にさせるものです。人はだれしも、自分を高めることに喜びや安心を得るように生まれついているといえます。

■ 苦境やスランプ、意味、使命感が自分を深める

　そして「深める」という成長。学業にせよ、仕事にせよ、ひとつのことに限界を超えるまでかかわったとき、あるいは、苦境や修羅場をくぐって事態をとりまとめることができたときに、人は自分を「深める」ことになります。また、取り組むものごとに意味を与え、使命感のようなものをもってそこに奮闘するとき、考えや意識が深まっていくことを感じます。

学生・社会人のための　自分を「深める」ヒント

● 1つの分野を掘り下げ、
　持論を体系化してみる

● 人にいろいろと教えてあげる
　（人に教えてあげようとすると、
　自然と深く考える）

● 一度限界を超えるまで
　徹底的にやってみる

● 自分の仕事（やっていること）
　に意味を与える

● 自分の能力を何か社会で生かし、
　人から「ありがとう」を言われる

● 日記/週記をつけ、
　自分と対話する時間をつくる

● ネガティブな状況
　（苦境・スランプ）に陥ったとき、
　希望/ビジョンを持って、
　忍耐強く機会を待つ

先ほどの「高める」と、この「深める」はタテ方向の成長です。この２つはいわゆる「一皮向ける」変化、「大人になる」変化といってもいいかもしれません。そのなかで「深める」は特に、自分にどっしりと構えられるような重みが増すイメージです。

■ 夢中でやって振り返れば、 そこには成長した自分がいる

以上、自分を伸ばしていく３つの方向——広げる・高める・深める——について具体的にみてきました。いろいろな思考や行動を通じ、これら３方向に伸びていき、自分という「器」が大きくなっていくのが「成長」の１つのイメージです。さらには、この器に個性という色が着いていく。そうして、みなさんは１人１人、世界で１つのかけがえのない器になっていくわけです。

どの方向に伸びていくにせよ、成長するためにもっとも大事なものは、「好奇心」です。人は一面では、「成長するぞ」「成長しなくては」といって成長を獲得するところはあります。しかし、それだけではありません。何かの挑戦や活動に夢中になって取り組んだ後に、振り返れば「あ、成長したな」と気づくものでもあります。成長は目的というより、結果的に得られる果実のようなものだからです。

いずれにせよ、永遠に成長する人とは、永遠に好奇心をわかし、それを行動に変換できる人と言ってもいいでしょう。

#33 成長と成熟

━「成熟」とは濃くなり味わいが出てくること

前回は「成長」について考えました。成長の「長」は文字通り、長くなる、伸びるといったことで、その伸びる方向に3つあること――広げる・高める・深める――を学びました。

それで成長という変化が十分に継続されると、やがて「成熟」というもうひとつの変化が起こってきます。成熟の「熟」とは、「よく煮る/煮える」「果実がうれる」という意味です。つまり、ものごとが煮えることによって、中身が濃くなり、味わいが出てくること、それが成熟です。

今回は、この「成長」と「成熟」という2つの異なる変化を対比しながらながめていきたいと思います。

━「成長」は人を拡大に向かわせる

さて、これを読んでいるみなさんはほとんどが10代か20代に入ったばかりでしょうから、若い。若いころの成長期にあっては、身体が伸びるのはもちろん、知識や技術も広がり高まる。感受性や思考も深まる。そのように、若いうちの変化は「成長」が主です。自分という器の面積がヨコとタテにふくらんでいくという変化です。

そうした成長的な変化がどんどん起こるときの意識というものは、「伸びるにまかせてしまえ」「伸びたい」「広げたい」「増えることはよいことだ」「速いことはよいことだ」「多くを獲得したい/吸収したい」のような拡大志向になります。

生命の若さはそうした拡大を自然と欲するものですし、生き生きと拡大していくことが美しさでもあります。

「成長」と「成熟」の対比

成長

伸びていく・広がっていく

[成長下の意識]
- 伸びるにまかせる/伸びたい
- どんどん広げていく
- 増えることはよいことだ
- 速いことはよいことだ
- 多くを獲得したい/吸収したい

成熟

（十分に伸び、広がり、むしろ縮みはじめる過程で）
濃くなってくる

※熟=「よく煮る」

[成熟下の意識]
- あえて抑止する／自制することもある
- 凝縮させる／結晶化させる
- 足ることを知っている
- 待つことができる
- 捨てる／離れることができる

■ 「成熟」は人に新たな意識や
行動様式を芽生えさせる

しかし、生物である人間は拡大的な変化が一方的に、永遠に続くわけではありません。ヨコとタテに十分に伸びてくると、ふくらみのなかに蓄えたものが煮詰まりはじめ、複雑な変化が起きてきます。中身が濃くなり、その人独自の色や味わいといったものが出てくる変化、すなわち「成熟」です。

そして成長下にいたころの意識と異なった意識が芽生えはじめます。例えば、まだまだ自分の手にするものが拡大できそうなのに「あえて抑止する」とか「自制しよう」とか。あるいは、ことを急いで求めようとせず「待つことができる」。ものごとに執着せず、「捨てること/離れること」ができる、など。

これらは、自分のなかにある拡大への欲望やスピードへの欲求を制御し、全体として最適な状態を保とうとする深慮（深く考えをめぐらすこと）から生まれます。

人は歳をとるにつれ、身体はもちろん、能力や活動範囲が縮んでいきます。生物的には成長のピークを過ぎますが、代わりにこうした深慮ができるようになるというメリットもあるのです。

量の拡大や処理スピードの加速化から目を離し、いま持っているものを濃くしよう、味わい深くしよう、そして全体との調和を図っていこうとする成熟した意識は、成長にも劣らず大事なものといえます。

▬ 健やかな意志に基づいて
「あえてそれをしない」という選択

　ここからはもっと大きな視点で成長と成熟をながめていきましょう。この２つのこと
は、一個人のことのみならず、社会全体のことにも重要な概念だからです。

　現代社会はいつしか成長や開発、進歩といったものがすべてよいことであると信じ、
つねに右肩上がりの変化を自分たちに迫るようになっています。

　しかし、経済の成長を維持させようとすればするほど、マネーは膨張を続け、貧富の
格差が開くという皮肉が生じています。また、自然を開発して人類の便益をつくり出そ
うとすればするほど、環境問題は大きくなっていきます。科学技術を先鋭化させればさせ
るほど、兵器転用や生命のゲノム操作などきわめて重大な問題を危惧せねばなりません。

　一個人の成長にせよ、企業や社会の成長にせよ、成長には正の面と負の面があります。
人間の考え方や意志が偏りゆがんだ状態で欲せられる成長はよからぬ暴走を生みます。
そして現実、成長がもたらす負の結果に多くの人が気づきはじめました。

　そんなときに大切になってくるのが、「成熟」というありようです。成熟した人は「で
きるのに、あえてそれをしない」「選べるのに、あえてそれを選ばない」「もっと取れるのに、
あえてそれ以上取らない」ことをします。さらには、待つこと、捨てること、離れるこ
とができる。それらは、決してやせ我慢などではなく、健やかな意志からくるものです。

東洋の思想が教える「断捨離（だん・しゃ・り）」や「知足＝足るを知る」は、まさに
この成熟した精神の振る舞いを言ったものです。

　私たち1人1人が、組織や社会全体が「成長への強迫観念」を超えて、自己の内に同
時に「成熟」を呼び込めるか、深慮にもとづいた自制はそうした重要な深化プロセスだと
いえます。いま、国連が積極的に推進している「SDGs：持続可能な開発目標」について
はみなさんもよく耳にしているでしょう。これもまた、人類社会が健全な成長を持続させ
るために、成熟した意志から発案されたものです。

京都・龍安寺にある蹲踞（つくばい）に刻まれた
「吾唯知足＝われ ただ たるを しる」の文字。

守・破・離

━ その道を究めていくための修行３段階

日本の伝統的な芸道や武道の世界では「守・破・離（しゅ・は・り）」という言葉が使われます。その道を究めていくための修行段階を表したものです。これは弟子が師のもとに入門して成長していく過程とみることができます。

まず、〈守〉は基本の型を身につける第１段階。〈破〉は基本を応用展開、改良していく第２段階。そして〈離〉は、それまでの学習や経験を統合し、超越していって、独自の世界を打ち立てる第３段階です。

しゅ は り

師からの教えを忠実に学び、基本の型や作法、知識を身につける第1段階。

経験と鍛錬を重ね、師の教えを土台としながらも、それを打ち破るように自分なりの創意工夫を行う第2段階。

これまで教わった型や知識にとらわれることなく、自分独自のやり方・流儀を築く第3段階。

会社組織で働く人にとっての「守・破・離」

この成長の3段階は、会社に就職して働く人にも当てはめることができます。その「守・破・離」は次のようなものになるでしょうか―――

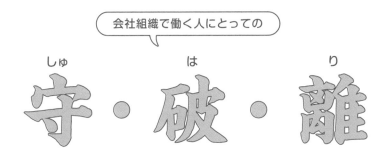

会社組織で働く人にとっての

しゅ
は
り

守・破・離

上司や組織から実務を学び、経験知を積んでいく基礎段階。「この仕事はあなたに任せて大丈夫」と言われるような信頼を得る。

組織の既存の考え方・やり方に対し、積極的に改革提案ができ、かつ実行できる。現状の自分に満足せず、自己の殻を恒常的に破っていくことができる。

どんなミッションを受けても、どんな立場・環境を与えられても、組織や周囲と協調しながら、悠然と自分の世界観で仕事・事業を起こし、取り仕切ることができる。さらには、リタイヤ後の人生も自在に切り拓いていける。

枠のなかで秀でる・枠を変える・新たな枠をつくる

〈守〉の段階にいる人は、既存の枠のなかで知識や技術を身につけ、そこで「優秀者」を目指します。新入社員として会社で働きはじめたり、それまでとはまったく異なる分

野に異動や転職をしたりしたときは、この〈守〉の段階で数年の間、一生懸命やることになるでしょう。その〈守〉の段階では、それなりに苦労もあり、もがきもあり、いろいろと成長が起こるでしょう。しかし、成長の余地はまだまだあります。

〈破〉の段階に挑戦する人は、リスクを負いながら、既存の枠をどんどん破っていこうとする「変革者」です。〈守〉にいたころよりも難度が増します。ですが、成し遂げたときの成長度合いは大きい。どの会社、どの職場で行われているやり方も、それは最終形の完璧なものではありません。つねに技術は進化し、考え方も変化していきます。私たちは現状の方法に満足し、留まってしまうと、そこから退化が始まってしまいます。いまあるもの、いまある自分をつねに打ち破っていく積極性──これを持つ人は、より大きな成長を得ていくことになります。

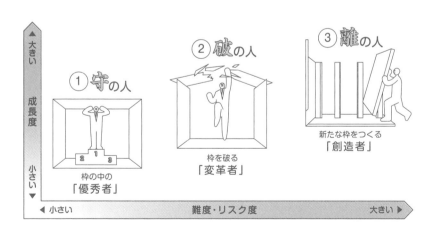

■■ 〈離〉の大創造が苦手な日本人

　成長することには、さらにその先があります。〈離〉の段階に至り、新たな枠組みをつくろうとすることです。無から有を生じさせることほどむずかしいことはありません。「創造者」になることでの成長は、その苦労の分、とても大きいものになるでしょう。

　日本人は、感覚が繊細で手先が器用な民族です。昭和の高度経済成長の時代は、欧米という先行する模範がありました。彼らがつくる工業製品を取り寄せ、そこに改良・改善を徹底的に加え、安くつくることで、多くの日本企業は事業の成功を手にしました。これは言ってみれば、〈守〉〈破〉の段階での成功です。日本人は既存に何かがあれば、それをベースにして手を加え、よりよくすることが得意な民族です。しかし、ゼロから何か枠組みを起こすということについては必ずしも得意とはいえません。

　その点、GAFA（グーグル、アップル、フェースブック、アマゾン）と呼ばれる巨大テック企業が、なぜここまで強大な影響力を持つようになったか──それは、既存の枠組みを超えて新規に「ビジネスプラットフォーム（事業を行う基盤的な仕組み）」を築き上げたからです。彼らは〈離〉の段階にみずからを押し上げていって、大いなる創造をしたのです。

　将来、日本発の世界的なビジネスプラットフォームが生まれるかどうかは、日本人の1人1人が〈離〉の段階にまで自分を押し上げていく意識を強く持つかどうかにかかっているでしょう。ビジネスプラットフォームのような規模の大きな話にかぎらずとも、生活や仕事のうえで何かに努めることを継続すれば、守・破・離の成長段階はあります。要は、ある状態で留まらず、つねに現状をよりよい状態に変えていくことを楽しめる自分になれるかどうかです。

BE-Learning #35 人は「無視・賞賛・非難」で 試される

― 私たちは「他人の評価・反応」によって動かされる

みなさんはどこかで「承認欲求」という言葉をきいたことがあるでしょう。心理学を学ぶ人であれば、基本用語としてすでに知っているかもしれません。

「承認欲求」とは、他者から注目されたい、認められたい、ほめられたいとする欲求です。みなさんはいま、多感な青春時代を過ごしています。ですから、この他人からどうみられるかや、周囲や世間からどう反応されるかが、とても気になると思います。

また、「毀誉褒貶」という言葉があります。「ほめたり、けなしたりすること」の意味です。私たちは人生を渡っていくうえで、この毀誉褒貶に振り回されることがしばしばあります。

例えば、ある行動を行うことによって、周囲からちやほやされたり、実力以上に持ち上げられたり。また逆に、少し頭角を現すやいなや、嫉妬などによっていじめられたり、つぶされそうになったり。

私たちはだれしも承認欲求に動かされるところがあり、ときに他人からよい評価を受けようとがんばろうとします。またときに、他人からわるいことを言われれば傷つき、そのまま調子を落としてしまうこともあります。しかしそこから奮起して、予想以上の成果をあげることもあります。

そんなときの大事なことをプロ野球選手・監督して活躍された野村克也さんは、こう表現しています。

「人間は、"無視・賞賛・非難"という段階で試されている」。

——『野村の流儀』より

■ 段階1：「無視」によって試される

だれしも無視されることはつらいものです。自分なりに一生懸命やっても、だれも振り向いてくれない、だれも関心を持ってくれない、話題にも上らない、評価もされない……。

こうした「無視」という名の試練によって私たちは何を試されているのでしょうか——それは「負けじ根性」です。自分が何かに取り組んでいて、その発信をする。でも周りからは何の反応も評価もない。そもそも、どれだけの人がみてくれているのかすらもわからない。そんなときに、取り組みをやめてしまうのは簡単なことです。

そこで大事なことは、自分に負けないことです。しぶとく努力を重ねて、その取り組みを継続する。だれがみてくれていようといまいと、「やる価値があると思ったことをやりつづけるだけだ。いつか人を振り向かせてやる！」といった奮起です。粘りや持続のなかに飛躍の種が隠されていると信じる人は、次の段階を切り拓いていくことができます。

[段階1] 人は「無視」によって試される

（図内の文字）
自分がやっていることの大きさ
無視
フェーズ1
負けじ根性
を試される

━ 段階2：「賞賛」によって試される

　いまはネットでの情報発信、情報交換が発達している時代ですから、仕事の世界でも、趣味の世界でも、いわゆる「シンデレラボーイ／ガール」があちこちに誕生します。

　ネットの口コミで話題になったラーメン屋が一躍「時の店」になることは珍しくありませんし、動画サイトでネタ芸を披露した人（ペット動物さえも）が、1週間後にはテレビに出演し、人生のコースが大きく変わることはよくある話です。人生のいろいろな場面で、こうした「賞賛」という名の"持ち上げ"が起こります。

　「賞賛」は、受けないよりは受けたほうがいいのですが、これもひとつの試練です。「賞賛」によって、人は「謙虚さ」を試されます。

賞賛によってテング（天狗）になってしまい、その後、大失敗や大失脚してしまう
ケースがあります。賞賛はわがままを引き出し、高慢さを増長させるはたらきがあ
るからです。

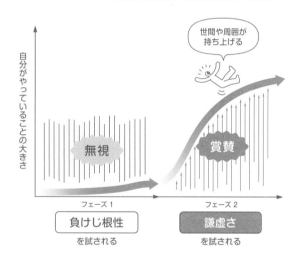

［段階２］人は「賞賛」によって試される

世間や周囲が
持ち上げる

自分がやっていることの大きさ

無視

賞賛

フェーズ１

フェーズ２

負けじ根性

を試される

謙虚さ

を試される

　さらに大事なことを添えておくと、賞賛には質の差があることを認識しておかねばな
りません。賞賛と言っても、それが信頼できるレベルの識者によってていねいに吟味さ
れたうえでのものなのか、単に一般の人びとが気分的に一過性で持ち上げているものな
のか、あるいは、ある種の考え方に偏向したメディアが何か意図をもって騒ぎ立ててい
るのか、そこには大きな違いがあるのです。

「いいね！」の数やフォロワーの数が何万、何十万、何百万あるというのは「賞賛の量」の観点です。それらの数が多いからといって、その内容が良質であり、良識に満ちているかどうかはわかりません。いたずらに「賞賛の量」を追っていくと、自分を誤ったほうに走らせてしまう危険性があることを意識しておきたいものです。

━━ 段階3：「非難」によって試される

　3番目の試練は「非難」です。その人のやっていることが大きくなればなるほど、ねたむ人間が増えたり、脅威を感じる人間が増えたりして、いろいろなところから非難や中傷、批判、謀略が降りかかってきます。野村克也さんは、「賞賛されている間はプロじゃない。周りから非難ごうごう浴びるようになってこそプロだ」と言います。

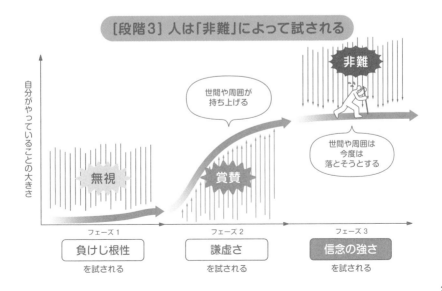

[段階3] 人は「非難」によって試される

自分がやっていることの大きさ

無視

世間や周囲が持ち上げる

賞賛

非難

世間や周囲は今度は落とそうとする

フェーズ1	フェーズ2	フェーズ3
負けじ根性	謙虚さ	信念の強さ
を試される	を試される	を試される

自分を落としにかかる力をはねのけて、しぶとく高さを維持できるか、ここで篩に<ruby>篩<rt>ふるい</rt></ruby>にかけられるのは、その人が抱く信念の強さです。結局、自分のやっていることに「覚悟」のある人が、非難に負けない人です。

　芸術家として思想家として政治家として、生涯、数多くの非難中傷を受けたゲーテは次のように書きます────

　　「批評に対して自分を防衛することはできない。
　　これを物ともせずに行動すべきである。
　　そうすれば、次第に批評も気にならなくなる」。

━ 段階4：毀誉褒貶を乗り越えて

さらに発展して考えると、歴史上の偉人たちはもうひとつ4段階目のプロセスを経ているように思えます。

つまり、あらゆる困難や妨害を受けながらも、同時に、それを凌駕する上向きの力を得て高みに上がっていきます。偉大な仕事には、必ずそれを支える偉大な共感者や同志の力があったはずです。

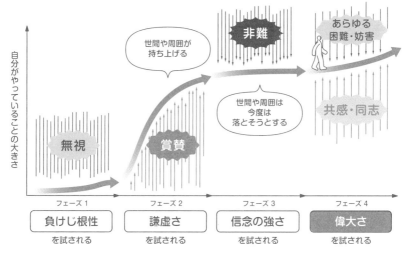

偉大な生き方をする人は大樹のようです。その大樹は、高く幹を伸ばし、枝葉を大きく広げているがゆえに風の抵抗をいっそう強く受けます。

　しかしその大樹は、人びとの目印となり、勇気づけとなります。暑い夏の日には広い木陰を与え、冷たい冬の雨の日には雨をしのぐ場所を与えてくれます。そしていつごろからか、そこにつながる蹊（こみち）もできます。春や秋には、樹の下で唄や踊りもはじまる。もはや、その大樹にとって、世間の毀誉褒貶はどうでもいいことになります。

　エイブラハム・リンカーン（第16代アメリカ合衆国大統領）は、次のような言葉を残しました───

> 「人格は木のようなものであり、
> 評判は木の影のようなものである。
> 刻々と移り変わっていく影など気にせずに、
> ただ、まっすぐに成長していればいいのだ」。

　さて、あなたはどの段階までの試練を受け、どんな人生を歩んでいくのでしょう。

#36 負の経験

━ 「へこみ」は「うつわ」になる

荒野のまんなかに大きな岩があった。

その岩は、日々、砂まじりの強い風によって表面をけずられる。

いつしか、岩の一部にくぼみのようなものができた。

ある日、めずらしく雨が降った。

岩のくぼみに水がたまった。

するとそこに昆虫や鳥などが集まってきた。

それぞれは水浴びをし、羽を休めた。

そして夜になると、

その小さな水の鏡は広大な空を映しだしていた。

荒野のまんなかに大きな岩があった。

━━ 大きな芸術は深い苦悶から生まれる

打ちのめされたり、傷ついたり、落ち込んだりした状態を、俗に「凹む」といいます。ですが、考えてみるに、凹んだ部分は器になる。その器で何かをすくうことも、何かを受けいれることもできる。

釈迦やイエスの教えが、なぜ千年単位の時空を超えて人びとの心を抱擁するのでしょう。それは彼らが偉大な苦しみのなかに身を置き、光を発したからです。

ガンジーやキング牧師の言葉が、なぜ力を持って民衆の胸に入り込み、民衆を立ち上がらせたのでしょう。それは彼らが深い深い闇の底から叫んだからです。

ドストエフスキーが狂気的なまでに善と悪について書けたのはなぜでしょう。それは彼があるときは流刑の身となり、兵士となり、またあるときはてんかんをわずらい、あるときは賭博に明け暮れるという、まさに狂気の淵でものを考えたからです。

いつしか、岩の一部にくぼみのようなものができ、
岩のくぼみに水がたまった。

正岡子規があれほど鋭く堅牢な写実の詩を詠めたのはなぜでしょう。それは病苦に悶絶し、命の火も絶え絶えになるなかにあって、魂で触れることのできる堅い何かを欲したからです。

　東山魁夷はこう書いています———「最も深い悲しみを担う者のみが、人々の悲しみを受け入れ慰めてくれるのであろうか」。　（『泉に聴く』より）

　ヒルティは『幸福論』のなかでこう記しています———「ある新興宗教の創始者が、自分の教義の体系を詳しく述べて、これをもってキリスト教にかえたいというので、彼（タレーラン侯）の賛成をもとめた。すると、タレーランはこう言った、しごく結構であるが、新しい教義が徹底的な成功をおさめるにはなお一事が欠けているようだ、『キリスト教の創始者はその教えのために十字架についたが、あなたもぜひそうなさるようにおすすめする』と」。

夜になると、
その小さな水の鏡は広大な空を映しだしていた。

━ すべての人は負を正に転換できる力を持っている

　人は、苦しんだ深さの分だけ喜びを感受できる。また、ほんとうに悲しんだ人は、ほんとうに悲しんでいる人と、ほんとうの明るさを共有できる。生きることの分厚さや豊かさといったものは、苦や悲といったネガティブな状態にえぐられることによって獲得できる。宗教が慈悲や愛を基底にしているのはこのことと無関係ではありません。

　いずれにせよ、すべての人は負（マイナス）を正（プラス）に転換できる力をもっています。おおいに悩み、おおいに迷うことは、自分のなかの「凹みという器」を大きくしているととらえればよいのではないでしょうか。その器のありようは、自然とあなたの徳となって表れるでしょう。

「人は軽薄の友である歓喜や、快楽や、笑いや、
冗談によって幸福なのではない。
むしろ、しばしば、悲しみの中にあって、
剛毅と不屈によって幸福なのだ」。

― モンテーニュ『エセー』

「高い山の美しさは、深い谷がつくる」。

― 加島 祥造

「十分暗くなれば、人は星を見る」。

― ラルフ・ウォルド・エマーソン

「跳ぶ前には、かがまなくてはならない」。

― 市井(しせい)の言葉

第8限

「就職」ってなんだ？

#37 私たちはなぜ「就職」するのか!?

BE-Learning

■ 経済的自立は個人・家庭・社会が 健全に回っていくための基盤

就職は「職に就く」と書きます。何かしらの定職を得て、何かしらの役割や立場で仕事をすることをいいます。

たいてい私たちは、義務教育（中学校まで）を終えた後、あるいは高校や大学を卒業した後に、就職をします。それはなぜでしょう──？

「それは、保護者（親など）から独立して、自活していくためのお金を稼がなくちゃいけないから」という答えがまず思い浮かぶと思います。はい、そのとおりです。就職する理由として1番目にあげられるのは、経済的自立です。

子どもが保護者からの金銭的援助を受けず、自分で独り立ちしてお金を稼ぎ、生活できるようになる。そして今度は自分の稼いだお金で、いろいろなものを買ったり、活動をしたりするようになる。さらには自分の家庭を持って、子どもを養う側に回る。そのように、一人一人、一世帯一世帯、一世代一世代が経済的に自立をして、生活維持や拡充を図っていくことが、個人や家庭、社会が健全に存続していく基盤となります。

ですから私たちは特別な場合（健康上の重い問題がある場合など）を除いて、しかる

べき時期に保護者から経済的自立をしなければなりません。それが生物的にも自然な姿であり、社会的にも健全な形なのです。今日の社会で経済的自立を果たすもっとも基本的で直接的な方法は、職を得ること、すなわち就職です。

人間は根底で創造・生産・貢献の活動を欲する

私たちが就職をするもう1つ大きな理由は、どんな仕事・職業であれ、そこには創造があり、鍛錬があり、人とのつながりがあるからです。人間が人間らしく生きるにはそれらの活動が欠かせません。

もしいま、あなたが宝くじに当たって10億円のお金があるとしましょう。それだけの資産があれば、あなたは就職せずとも一生暮らしていけるでしょう。過度な豪華さを追わなければ、毎日好きなものを消費し、ストレスのない趣味・娯楽活動で人生が回っていきます。あなたはそんな生活を「なんだかうらやましいなあ」と思うかもしれません。が、はたしてそうした仕事・職業のない生活に耐えられる人はどれほどいるでしょう。

　人間は根底のところで、消費だけでは満たされず、生産・創造をしたいと欲します。自分だけの娯楽活動では物足りなくなり、他者への貢献活動をしたくなります。負荷のない趣味活動に飽きて、苦労を背負ってまで鍛錬を求めます。であるからこそ、人間（ホモ・サピエンス）は、このように自身を飛躍的に進化させ、同時に高度な文明社会を築くことができたのではないでしょうか。

　実際のところ、働く必要のないほど大きな経済的資産を持っている人でも、有閑の生活に耐えきれず、何かしら仕事を持ち、それを通して創造や鍛錬、人とのつながりによる人生の手応えをつくり出しています。趣味に没頭する人でも、やがてそれを職業化し、単なる時間つぶし活動でなくする例は世の中にたくさんあります。それほどに人は本来、働きたいのです。

━ 仕事・働くこと・職業は「完全栄養食」

　社会に出て何かしら職を見つけ、お金を稼ぐということは基本的にしんどいことです。しかし同時に、仕事（働くこと・職業）はいろいろな機会を与えてくれます。

　仕事は━━━

　　○ 生計を立てるための「収入機会」であることはもちろん、

○ 自分の可能性を開いてくれる「成長機会」

○ 何かを成し遂げることで味わう「感動機会」

○ さまざまな人から影響を受ける「触発機会」

○ 知識や技術などを身につける「学習機会」

○ 自分を社会に役立てる「貢献機会」

○ カラダとアタマを使い鍛える「健康増進機会」

○ あわよくば一攫千金を手にすることもある「財成機会」

になりえます。仕事は言ってみれば、人生を健やかに生きるすべての機会を含んでいる「完全栄養食」のようなものです。味についても、甘味、塩味、酸味、苦味、旨味とすべてを含んでいます。私たちの人生にはこの完全栄養食が不可欠です。例えば、甘いものしかいらないといってスイーツばかり食べていたらどうなるか。あるいは、刺激味の強いジャンクフードばかり食べていたらどうなるか。からだはバランスを壊し、基礎体力もなくしてしまうでしょう。

「仕事・働くこと」はさまざまな機会を豊かに含んだ「完全栄養食」的な活動

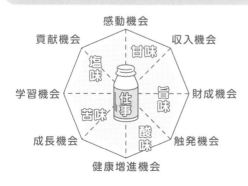

この活動を手放したとき、
自分の「生きる」はどうなるだろう…？
他の活動で代替できるだろうか…？

スイーツやジャンクフードだけ
食べて過ごしていくとどうなるだろう…？

遊びや趣味などの娯楽活動、ショッピングやグルメなどの消費活動、何かを買って集める所有活動は、人生の華やぎや癒やしとして必要なものではあります。しかし、それのみに浸る人生がほんとうに健全で充実したものになるのか。仕事や職業にはそれらの活動ではけっして得られない喜びや誇り、境地といったものがあります。仕事を持たない人生がどこか空虚なものになるのは、そうした理由からです。

■ 就職はみずからの能力と意志で生きていく スタート地点

いまこれを読んでいる人のなかには、「就職ってなんか不安だな。特別仕事としてやりたいこともないし。できればもう少し親の保護のもとで学生生活を延長できれば……」といった気持ちの人もいるかもしれません。

しかし、もう巣立ちのときです。心理的な不安の壁を乗り越えて、いざ仕事を手にすれば、そこからは自分の能力で稼ぎ、自分の意志でキャリアをつくっていくという主体的な人生が始まります。そこにはこれまでとは異なる創造、鍛錬、人とのつながりがあります。それらは自分を独立した人間としておおいに成長させてくれるでしょう。むしろそれを楽しみにするくらいの気構えで就職に臨んだらどうでしょう。

私たちは経済的自立のために就職します。そしてまた、自分というものを健やかに育て、人生を手ごたえあるものにするために就職します。私たちは根底では、自分の仕事を持つということをすすんで欲する生き物なのです。

職業選択について考える[1]

業種・職種のいろいろ

━ 人類史上、現代はもっとも広く職業を選べる時代

職業選択という観点でこの社会をながめると、私たちはいま、人類史上もっとも豊かな時代に生きています。人間は永らく封建制度や身分制度によって職業選択の自由がほとんどない社会を生きてきました。また、産業革命や市民革命以降の近代においても、工業が発達を始めたとはいえ、労働者が選べる仕事の種類はきわめて限定的でした。

ところが現代社会はどうでしょう。第二次世界大戦後、先進諸国は科学技術の進化に合わせて、さまざまに産業を発明し、発展させ、新しい職業をつぎつぎに生み出してきました。

試しに、インターネットで「職業分類表」と検索をかけてみてください。おそらく厚生労働省や総務省が作成している職業分類表が出てくるでしょう。その表をみると、「ああ、職業ってこんなにたくさんあるんだ」と驚くにちがいありません。そしてあなたは、この表のどの職業も自由に選び取ることができるのです。さらには、この表にまだ載っていない新しい職業を起こすこともできるのです。なんと幸福な時代なのでしょう。

しかしながら、実際のところ、職業の選択肢が飛躍的に増えたことが必ずしもよいことではないようにも感じられます。その点を著名な経営学者のピーター・ドラッカーはこう書いています――

「先進国社会は、自由意志によって職業を選べる社会へと急速に移
　行しつつある。今日の問題は、選択肢の少なさではなく、逆にその
　多さにある。あまりに多くの選択肢、機会、進路が、若者を惑わし
　悩ませる」「自由は楽しいものではない。それは選択の責任である。
　楽しいどころか重荷である」。

　人類の先人たちが築き上げてくれたこの職業選択自由の社会、そして職業が多種多様
にある社会で、私たちは逆に何を選ぶべきなのかに迷う時代になってしまいました。し
かし仕事をいろいろとやるなかで、充実や成長を感じ、自分のキャリアの方向性やあり
方に「これでよし」という自信がわいてくると、職業選択についての漠然とした不安はし
だいになくなってくるでしょう。そのためにはある程度長い時間と体験量を要します。で
すから就職を前にしたみなさんは、けっしてあせることなく、長い目でとらえてみてはど
うでしょうか。

■ 職業を「業種×職種」で表す

　さて、そんな世の中にあまたある職業を業種と職種の掛け合わせでみてみましょう。
業種とは会社や個人が営む事業の種類です。事業のおおまかな分野といっていいかもし
れません。そして職種とは仕事の種類です。

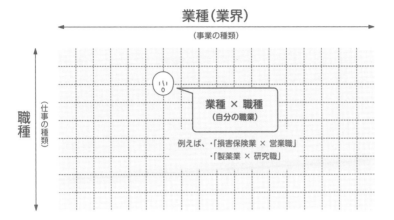

職業を「業種×職種」で表す

業種（業界）

（事業の種類）

職種

（仕事の種類）

業種 × 職種
（自分の職業）

例えば、・「損害保険業 × 営業職」
・「製薬業 × 研究職」

　業種と職種は、言ってみればタテ糸とヨコ糸で、その2つの掛け合わせにより、その人の職業を示すことができます。例えば———

　　・「損害保険業×営業職」　　　・「製薬業×研究職」

　などというように。業種と職種、そして会社員か自営業か経営者かを告げれば、ほぼそれで職業人としての自己紹介ができます。ちなみに、業種や職種にどんなものがあるかについては、経済産業省の業種分類表や総務省の日本標準職業分類表などでながめるとよいでしょう。

現代社会はイノベーションが積極的に行われ、商品やサービスの発達がやむことがありません。そのために、業種や職種はつねに変化しています。時代とともに消滅する業種・職種がある一方、新たに生じてくるものもあります。

例えば消滅した職種では、タイピスト、電話交換手、キーパンチャーなどがあげられます。逆に新しい職種は少し前では、システムエンジニアやコピーライター、ファイナンシャルプランナーなど。これらはいまでこそ普通ですが、以前は聞き慣れないものでした。もっと最近のもので言えば、データサイエンティストやVR（ヴァーチャル・リアリティ）クリエーター、ドローンパイロット、SNSインフルエンサー、民泊オーナーなど、たくさんあります。

■ 1つの商品・サービスが生まれるには 数多くの業種・職種が関わる

世の中で行われている事業はどこも効率化をめざし、高度に専門化をはかろうとします。その結果、社会は分業化が複雑に進みます。そのため、私たちがなにげなく買う商品やサービスには、たくさんの業種・職種が関わることになります。

例えば、一片のチョコレートを例に取ってみましょう。ここにいったい、どれくらいの業種・職種が関わっているのでしょう。その一部を抜き出して図に描きました。想像以上に多くの職業が関与していることがわかります。

商品・サービスはいろいろな業種・職種の結晶

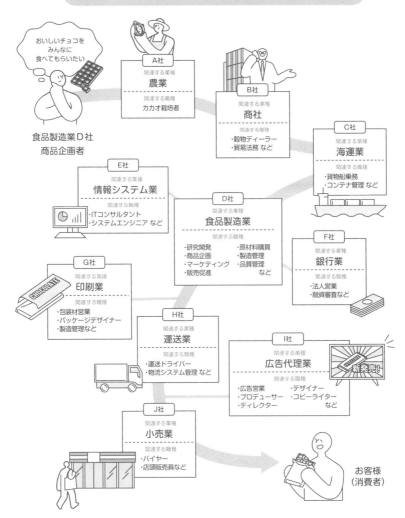

おいしいチョコを
みんなに
食べてもらいたい

食品製造業D社
商品企画者

A社
関連する業種
農業
関連する職種
カカオ栽培者

B社
関連する業種
商社
関連する職種
・穀物ディーラー
・貿易法務 など

C社
関連する業種
海運業
関連する職種
・貨物船乗務
・コンテナ管理 など

E社
関連する業種
情報システム業
関連する職種
・ITコンサルタント
・システムエンジニア など

D社
関連する業種
食品製造業
関連する職種
・研究開発　・原材料購買
・商品企画　・製造管理
・マーケティング　・品質管理
・販売促進　　　　　など

F社
関連する業種
銀行業
関連する職種
・法人営業
・融資審査 など

G社
関連する業種
印刷業
関連する職種
・包装材営業
・パッケージデザイナー
・製造管理など

H社
関連する業種
運送業
関連する職種
・運送ドライバー
・物流システム管理 など

I社
関連する業種
広告代理業
関連する職種
・広告営業　　・デザイナー
・プロデューサー　・コピーライター
・ディレクター　　　　　など

新発売!!

J社
関連する業種
小売業
関連する職種
・バイヤー
・店頭販売員など

お客様
（消費者）

━━ 職業選択は最初の就職時の一発勝負ではない

　私（筆者）が大学3年生の就職活動時、面接に行ったのは一般消費財メーカーとメディアでした。結果的に就職したのは文具メーカーでした。大学生というのは、まだまだ社会をみる範囲が狭いものです。就職先の候補といっても、どうしても目に触れるモノやサービスを提供している会社、いわゆるBtoC企業に偏りがちです。そしてやりたい仕事も、商品企画とか広告宣伝とか、そういうイメージしやすい職種になります。まさに私もそんな狭い発想でしか志望を描けませんでした。

　先のチョコレートの図をみてもわかるように、商品が店頭に並び、消費者に買われるまでにはじつに多くの間接的な業種・職種が関わっています。これらはいわゆるBtoB企業であり、黒子的な仕事なので、大学生にはなかなか認知されません。したがって、就職志望先としてもあがりにくくなります。

　ところが実際に社会に出て働き出すと、こうしたBtoB企業の黒子的な仕事の数々を目にするようになります。すると、「世の中にはこういう仕事もあるのだな」という認識ができ、職業選択の視野が広がります。人によっては、転職でそうした業種・職種に移る人も出てきます。私自身も最初の会社はメーカー（製造業）でしたが、いまではそこからまったく離れ、人材教育業／研修業の分野でコンサルタントをしています。

　そのように、職業選択は最初の就職時の一発勝負ではなく、時間をかけて、選びなおしが可能なものです。もちろんなかには、最初に入った会社で、かつ、最初に任された職種で定年退職までいく人もいるでしょう。ですが、それは幸運な一発適職獲得例であるか、はたまた、自分をそこに固定し続けた忍耐例であるかのどちらかだと思います。

大学3年生という人生の若い時期までに、自分のほんとうの能力適正や興味、志向性を把握し、かつ、それに合致した職業に就くことは至難の技です。いや、人間の能力や興味、志向は人生の進行とともに変化したり、掘り起こされたりするものですから、最初に就いた職業でそのまま固定することが最良であるともかぎりません。

　最初の会社、最初の職種でずっと長く働けるならラッキー。そうでなければ、自分の状況に合わせ、時間をかけて納得のできる業種・職種を選んでいく。選べる自分になるために、能力や意志を磨いていく。そういうスタンスでよいのではないでしょうか。

　「よいキャリア」というのは、自分にとって最適な道をつくり出していく過程そのものです。最初の就職で一発正解を当てなければならないというプレッシャーは不要です。

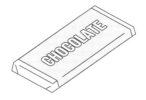

#39 職業選択について考える[2]
働く形のいろいろ

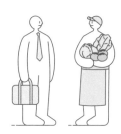

━ 人にはそれぞれ働く形がある

　日々、さまざまな人が働いています。街に出ればたくさんのオフィスビルがあり、ビジネスパーソンたちがデスクワークをしたり、商談をしたり、会議をしています。飲食店では料理人や給仕係のスタッフが忙しく動き回っています。そしてそこに食材を搬入する輸送業者のドライバーが出入りしたり、宅配を請け負う個人事業者が自転車に料理を積み込んだり。郊外に行けば、大工さんたちが戸建ての家を建てていたり、畑では農家の人が作物を収穫していたり。

　そうした働く人たちの働く形は多様です。会社組織に雇用されて働く形もあれば、個人で独立して仕事をする形もあります。また、午前9時から午後5時まで定時で働く形もあれば、空いた時間に空いた分の時間だけ働く形もあります。

　今回は働く形として2つ——雇用形態と勤務形態——をながめたいと思います。この2つの形態を掛け合わせれば、千差万別の働く形があります。そのように今日の先進諸国では、働く形がいろいろ選べる時代になってきました。

━ 「雇われる形」と「雇われない形」

　まず雇用形態について。職業を持って働いていくうえで、雇われて働くのか、それとも雇われずに働くのか、その形の違いです。会社員や団体職員というのは、会社や団体と雇用契約を結び従業員として働く形です。正社員・契約社員・パートタイム社員・派遣社員などの形があります。これらは、言ってみれば「雇われる生き方」を選択しているわけです。

　それとは異なり、自分は「雇われない生き方」をしたいと思えば、個人事業主になる形があります。だれからも指示・命令されることなく、自分で事業のすべてを管理・運営することになります（従業員を雇うことはできる）。独立契約者やフリーランス、個人商店主、農家などがこれにあたります。また、会社などから雇われるのではなく、選任される形で働くのが経営者です。取締役として会社などと委任契約を結び、報酬を受け取ります。

「雇用の形」のいろいろ

雇用（非雇用）形態				
（従業員として）雇われる			（経営者として）選任される	雇われない（自分で自分を雇う）
無期雇用	有期雇用（いわゆる非正社員）	登録型派遣常用型派遣		
正社員	パートタイム社員契約社員	派遣社員	会社経営者・役員	個人事業主・農家・個人商店主・フリーランス・独立契約者　など
雇用主から給料をもらう			経営する会社から報酬を受け取る	自分で売上げを立てて稼ぐ

ところであなたの親族・保護者は、どんな雇用形態で働いているでしょう。会社員でしょうか、個人事業主でしょうか、それとも経営者でしょうか。……おそらくほとんどが会社員として働いているのではないでしょうか。

総務省が行った『令和2年国勢調査』をみてみると、15歳以上の就業者が6546万8000人いるうちの、会社や団体から雇われて働く人は83.3%（5454万4000人）です。日本では働く人の実に8割超という圧倒的多数が雇われる生き方を選択しているのです。ちなみに、自営業主は8.5%、経営者が5.5%となっています。

■ 会社員の利点は「安定」・個人事業主の利点は「自由」

雇用形態として「雇われる形」を選び、会社員・団体職員として働くのか、それとも「雇われない形」を選び、個人事業主として独立するのか。あるいは経営者になるのか。これらの選択に上下や優劣はありません。その人の適性や意志、人生の状況に合った形態を選んでいくのみです。

ここでざっくりとですが、雇われる生き方の代表である会社員と、雇われない生き方の代表である個人事業主について、そのメリット/デメリットをまとめてみましょう（次ページ図）。

「雇われる生き方/会社員」と「雇われない生き方/個人事業主」の比較

	「雇われる」生き方 会社員	「雇われない」生き方 個人事業主
メリット	・安定的な給料を得る ・週休2日制や有給休暇がある ・個人では受注できないプロジェクトに関われる ・事業の先行投資や諸々のリスクは会社が被ってくれる ・OJTや研修など知識や技能を学べる機会が多い ・社内人脈を構築できる ・社会的信用を得られ、銀行ローンも組みやすい ・年金や健康保険の個人負担が小さい ・在職した会社をキャリアの「箔」にすることができる ・会社に所属する安心感がある ・自分の業務に専念することができる ・福利厚生制度を利用できる ・よほどのことがないかぎり解雇されない　など	・たくさんの自由がある （束縛が小さい） ・稼いだ分だけ 自分のものになる ほぼ会社員の 裏返しが メリットになる
デメリット	・仕事の自由度が制限される （配属場所を選べない、上司を選べない など） ・結局は自分の「時間を売る」労働になりがち ・人間関係に束縛される ・やらされ感がつきまとう ・仕事/キャリアに対して受け身意識になりがち ・いくら働いても生涯賃金はおおよそ決まっている ・同じ仕事ぶりでも、会社によって給料が違う ・思うように休みがとれない ・相対評価で競争させられる ・社内承認に段階が多い、神経をつかう ・高齢になってからの転職がきつくなる　など	ほぼ会社員の 裏返しが デメリットになる ・不安定さを抱え込む ・すべてのリスクを負う、 責任を取る

第8限 「就職」ってなんだ？

会社員のメリットはなんと言っても「安定」です。収入、仕事、休み、スキル教育、福利厚生、社会的信用などを持続的に安定して受けることができます。そして組織内では分業が進んでいるので、自分のやるべき業務が限定され、それに専念しやすい。

　しかし、そうした安定を得るのと引き換えに、会社員は働くうえでの「自由」が小さくなります。基本的に従業員は、経営者の事業意思に従って用いられる資源／資本だからです。組織の大きな流れのなかで、個人は我慢や忍耐、受容を強いられることがたくさん出てきます。

　他方、個人事業主のメリット／デメリットは会社員のそれのほぼ裏返しになります。「安定」からは遠くなります。収入も仕事も休みも不安定です。極端に増えたり、まったくない時期があったり。将来の予定を立てるのは困難でしょう。スキル習得も福利厚生も自分でお金をかけ、整えねばなりません。社会的信用は弱く、ローンを組むこともむずかしい場合があります。

　しかし、個人事業主は大きな「自由」を手にしています。事業アイデアとして思いついたものはすぐに仕掛けることができます。だれかの意見に妥協したり、根回ししたりする手間もいりません。自分がすべての決定者です。そして幸運にも一攫千金を当てたときは、その収入は全部自分のものです。

　さあ、どうでしょう。みなさんは「安定」をとりますか、「自由」をとりますか―――？

━━ 組織に雇われて「安定」を優先させる人が8割超

　その答えのひとつは、さきほどの国勢調査の結果です。つまり、8割超の人が「安定」を優先させ、雇われる生き方を選んでいます。これはとても保守的な数字にみえますが、ここには合理性があるともいえます。

　すなわち、現代社会はとても変化が激しいので、その変化に対応し、稼ぎを立てていくのは個人としては非常にむずかしい。だから組織という傘のなかで働き、集団で変化に対応することで給料を得ていく。また、会社員に自由がないといっても、まったく自由がないわけではなく、異動希望制度があったり、社内起業の仕組みがあったり、自分の強い想いを組織内で実現するルートはいろいろあります。副業・兼業を認める会社も増えてきました。

　そのように、会社員として雇われながら安定を確保しつつ、組織から部分的に自由を引き出し、自分の望む仕事内容・仕事環境を獲得していくことはじゅうぶんに可能です。自由に働きたいからといって、一足飛びに「自営で独立だ！」という選択に走る必要はありません。

　実際、私も大学卒業後17年間は会社員をやり、その後、41歳のときに個人事業主として独立しました。いま思い返すと、私にとって会社員時代は必要不可欠なものでした。ビジネスの基本を身につけ、人脈を広げ、事業推進の感覚を得るために、とても貴重な学びをさせてもらったからです。あの期間の基礎訓練があったからこそ、その後21年間、いまの個人事業を継続できていることはまちがいありません。

━ 「カイシャイン」だけが就職先ではない

　前回の授業で、職業選択は最初の就職時の一発勝負ではなく、時間をかけて、選びなおしが可能なものだと言いました。雇用形態も同じで、雇われる形を選ぶか、雇われない形を選ぶかは1回きりの選択ではなく、自分の状況に合わせて変えていけばいいことです。

　例えば、会社員を何年かやっていて、そのうちに実力や事業の感覚がついてくる。もし、自分のアイデアを思う存分に具現化するために独立したいという強い想いがわいたら、雇われない生き方にチャレンジするのでもいいでしょう。さらには事業が拡大したら、法人化して従業員を雇い、経営者になっていく。そうやってステップアップ型で雇用形態を変えていくケースはめずらしくありません。

　逆に、個人事業主として自由にやってみたが思うように結果が出ないので、いったん会社員に戻り、再スタートするという選択もあるでしょう。あるいは、フリーランスとしてある分野できわめて優れた才能を発揮する人が、ある企業から破格の待遇で正社員としてスカウトされ、会社員になるというケースもあります。

　そのようにこれからの時代は、働く形を消極的に固定するのではなく、選択肢をいろいろと有効に生かして、自分をしなやかに動かしていくという意識が重要です。「カイシャイン」だけが就職先ではないのです。ただし、雇用形態を変えることは、とても大きな人生の分かれ道になるので、自分のなかにしっかりとした想いや決意がないといけません。

■ 時間や場所について働く形の選択肢はますます広がる

さて次に、もう1つの働く形である勤務形態について少し触れておきましょう。

昭和の戦後日本は、画一的な家庭内の役割と勤務形態を普及させ、国家全体を繁栄させてきました。つまり、正社員の主な担い手は男性（夫・父）であり、女性（妻・母）はパートタイム社員をしながら、家庭を守り、子どもを育てるといった役割分担を全体で受け入れ、みながそれに応じて働いたのです。

そして正社員である男性は、午前9時に出社し、午後5時を超えて夜遅くまで残業するという労働生活を当然のごとくこなしていました。週休2日制が企業の間で普及してくるのは、ようやく1990年代になってからです。その他、日本の働く現場はなにかと融通のきかない硬直的なものでした。

しかし、平成・令和と時代が進み、男女の役割分担の意識はすっかり様変わりしました。ジェンダー平等の考え方が広がりはじめ、「●●やるのは男、●●やるのは女」という固定的なとらえ方がなくなりつつあります。

午前9時−午後5時という一律に固定化された時間に職場に来て仕事をするという形は、いまやフレックスタイムや時短勤務、テレワークなどに置き換わることが多くなりました。そして、父親が子どものために育児休暇や時短勤務を利用するケースも増えています。

さらには、自分の能力を雇用契約を結んだ1社にしか発揮できないという制限も取り払われつつあります。従業員の副業や兼業を認める会社が増えてきました。このように、勤務形態の選択肢は社会全体としてどんどん広がりつつあります。

「勤務する形」のいろいろ

勤務形態	働く時間に関わる	□ フルタイムで働く　　□ 時短で働く □ プレミアムフライデー　　□ フレックスタイム □ 時差通勤　　□ 脱時間給・裁量労働制で働く　など
	働く場に関わる	□ 所定の職場・勤務席で働く □ フリーアドレス（固定席を設けないオフィス） □ テレワーク（在宅・遠隔オフィス）で働く □ 地域限定（転勤なし）で働く □ 2地域居住（平日は自宅Aから都心オフィス通勤／ 　週末は自宅Bで田舎暮らし）　　　　　　　など
	その他	□ 副業・兼業をする □ 服装コードの緩和（オフィスカジュアルやクールビズ）　など

職業選択について考える[3]

自分を強く動かす要因は何か

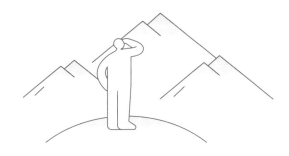

━ 職業選びの「志望のもと」になるもの

　世の中にはたくさんの業種があり、職種があり、会社があります。会社に就職せず自営独立する、あるいは会社を経営するという道もあります。そんななかで私たちは何をもとに職業選択を考えていけばいいのでしょうか―――？

　「機械いじりが好きなので、自動車製造に関わる仕事がしたい」「転勤がなく地元でずっと働ける会社がよい」「このアイデアを実現できる職業はこれしかない！」「3代続いている家業なので引き継ぐことに」など、人それぞれにその職業を選ぶ理由や動機がいろいろあります。職業選択の際、どんな要因が自分を動かすのでしょう。それら要因をまとめたのが次ページの表です。

職業を選ぶときのいろいろな要因

		主導的な要因（理由・動機など）	副次的な要因		職業選択
分野	業種・職種	・「機械が好きなので、自動車製造に関わる仕事がしたい」 ・「デザイナーとして食っていきたい」	……	……	
形態・待遇	就業形態 （雇用形態・勤務形態）	・「転勤がなく地元でずっと働ける会社がよい」 ・「派遣という形が自分には一番合っている」 ・「家族の世話があるので時短で働けることを最優先に」	……	……	職業選択
	報酬・待遇	・「ともかく稼げる職を見つける必要がある」 ・「現職よりもっと待遇が改善される職につきたい」	……	……	
能力	能力適性	・「自分のこの特技を生かせる職を第一に考えたい」 ・「●●の資格を持っているので」	……	……	
想い	意味・価値	・「海外で社会貢献する仕事がしたい」 ・「こういう時代なので人の心を癒す事業に携わりたい」	……	……	
	イメージ （あこがれ・アイデア）	・「ずっと夢見ていたのがこの職業（この会社）だ！」 ・「このアイデアを実現できる職業はこれしかない！」	……	……	
人の紹介	人脈 （コネクション）	・「前の会社の上司から誘いを受けたので」 ・「ヘッドハンターから引き抜きされて」	……	……	
家の事情	世襲	・「3代続いている家業なので引き継ぐことに」	……	……	

職業選択する場合に、関心のある業種・職種を第一に置く場合があるでしょう。あるいは就業形態や報酬・待遇といった形から入る人もいます。また能力とのマッチングを重要視したり、意味や価値、あこがれ、事業アイデアといった想い主導で職業を選ぶ場合もあります。

人それぞれに職業選択の要因とその順序がある

大学3年就活生 Aさん
業種・職種：機械が好きなので、クルマづくりに関わる仕事がしたい → 能力適性：大学では機械工学をやっているのでそれを生かせる会社に → 報酬・待遇：福利厚生がきちんと整っている会社を選びたい → その結果：就職内定 R社

育児が一段落した Bさん
業種・職種：育児が一段落したとはいえ在宅で働ける会社があれば → 能力適性：マーケティング業務の経験は5年あるのでその分野なら自信あり → 人脈：元の会社の知人から紹介があった → その結果：就職 S社

会社員15年目 Cさん
業種・職種：利益追求に翻弄されない真の教育事業をやりたい。教育をライフワークに！ → 能力適性：自営業主なら意思決定は意のままだ（会社員では限界がある） → イメージ：この事業アイデアは絶対世の中に受け入れられる！ → その結果：独立起業

いずれにせよ、職業選びの要因は自分の心のなかで、主導的な要因と副次的な要因が複雑に掛け合わさり、私たちは特定の職業に選択を絞っていきます。そして雇われる形の就職、すなわち会社員としての就職であれば、最終的には面接や試験を通過して、志望する企業から雇用契約を勝ち取らねばなりません。

━ 外的な枠に自分をはめるのは比較的容易

　職業の選択において、「この業種に関心があるから、これを選ぼう」とか、「この職種なら人材需要がなくなりそうにないので、これにしよう」「こういう働き方の制度があるからこの会社を志望しよう」といった理由で志望を決めていくことは、比較的容易なことです。これらは既存にある外的な枠組みに自分を合わせていくだけだからです。

　こういった志望の固め方がわるいというわけではありません。実際、ほとんどの人が、既存にある外的な条件に自分の要望や都合をマッチングさせて、職業選びをやっています。

　その点、「意味・価値」から職業選択の候補を考えていくことはむずかしい作業になります。大切にしたい意味や価値をもとにして、自分を再編したり、選択肢を想像／創造したりしなければならないからです。言ってみれば、内的な想いをサーチライトにして、自分の働き場所を照らし出すのです。

　例えば、あなたは子どものころから非凡な野球の才能に恵まれ、甲子園でも大活躍した高校生球児だとしましょう。高校卒業後につきたい職業は、もちろんプロ野球選手です。プロ野球選手という既存の職種に、自分はぴったり当てはまります。迷いはありません。

　ところが、ドラフトを直前に控えたある日の練習中、肩に致命的な大けがを負ってしまいました。プロ入りの夢が絶たれた瞬間でした。……さて、プロ野球選手という既存の枠組みからはじかれてしまったあなたは、そこからどのような職業選択を考えるでしょうか？

内的な意味をサーチライトにして選択肢を照らし出す

例えば、野球以外に興味のある分野に目を向けてみる。家電製品が好きだから家電業界を選ぼうとか。また、野球部では主将をやっていて人とのコミュニケーションは得意だし、体力にも自信があるので、営業職をやろうとか……。

おそらくこのような職業選択のアプローチがもっとも一般的でしょう。いまの自分の状況にあった既存の外的な枠を探し、そこに自分をはめていくことになります。それはそれでわるいことではありません。

しかし、自分の根底にある想いを「意味」に変えて選択肢を想像／創造していくこともできます。つまり、自分は野球が好きで、それを職業にしたいという想いをもっともっと深く掘り下げていくのです。プロ野球選手というあこがれや熱病を超えて、自分が野球を通じ、生涯を懸けて満たしたい意味は何だろうか———その自問の答えを不屈の意志へと昇華できるなら、豊かに選択肢がすぅっと見えてくるでしょう。

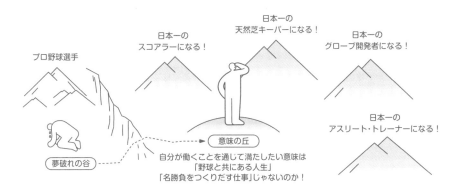

例えば、「そうか、自分は野球と共にある人生を送りたいんだ」「プレイヤーとしては夢はかなわなかったが、結局自分は名勝負をつくりだす仕事がしたいんだ」——そういう想いに立ったとき、見えてくる職業選択は「日本一のグローブ開発者になる！」「日本一のアスリート・トレーナーになる！」「日本一の球場の天然芝のキーパー（管理人）になる！」「日本一のスコアラーになる！」など、いろいろ出てくるでしょう。

「意味の丘」に立ち、心の深いところからの想いをサーチライトにして豊かに想像をふくらませれば、目指すべき山は無限に現れてくるのです。

━━ 私の体験談から〜「意味の丘」に立つ

最後に補足として、私（筆者）の体験を加えておきましょう。私は大学を卒業して17年間、会社員として働いていました。会社組織で働くことのストレスはいろいろありましたが、全体的にはおもしろく仕事をやっており、「雇われる生き方」である会社員をずっと続けていいなと思っていました。

ところが、30歳後半のころから状況が変わってきました。私はたいてい商品開発や事業企画部門で仕事をしていたのですが、大企業に勤めていると、大量に売れなくてはならないという圧力がつねにありました。大量に売るためには、流行に合わせて消費をあおることが求められますし、内容的にもわかりやすくしなければなりません。するとたいていは、いま一番売れている主流商品をまねて、適当に改良したものをつくらざるをえなくなってきます。そのほうが社内での承認が下りやすく、また、ある程度の売上げが確実に見込めるからでした。

私はそういうまねっこがきらいで、消費者を先導する形で、独自にこの路線でやりたいと提案しても、「それは、ぱっとみでわかりにくい」「たくさん売れるには堅苦しい」「そんなところに大きな需要はないので収益がとれない」などと言われることが多くなりました。そうしたいわゆる"売れ線"狙いばかりの経営方針にうんざりしていました。

　さらには、健康面で大きな問題が顕在化しました。40歳になり、私は管理職（課長）になっていましたが、毎朝8：30から行われる管理職ミーティングに出席することが困難になってきました。生来、基礎体力のない身体で、年齢とともに毎日往復2時間以上の通勤電車が過酷になってきていたのでした。

　「これ以上、この体力的につらい通勤を続けたら、早晩、倒れる。通勤がなく、自宅をベースにできる仕事に変えなければ、この先の長い人生を生きてはいけない」……私が会社員をあきらめ、自営業という選択を考えたのは、こうした健康面での問題が直接的な要因でした。しかしそれ以上に強く根本的だった要因は、自分が考える「ほんとうに世の中に大切な商品」をつくり、売ってみたいという深いところからわいてくる想いでした。

　私が個人事業主として独立を考えたとき、職種はどうでもいいものでした。一応、現在の肩書きは「人財教育コンサルタント」としていますが、それは世間への通りがいいのでそうしているだけです。私の軸としてあるのはただ、「働くとは何か、の名翻訳者になりたい」という想いだけです。

　業種も一応「教育・研修事業」としていますが、私がやりたいのは「人が健やかに生きる意欲をわかせる場づくり」であり、それを実現するのがたまたま企業内研修だったり、セミナー／講演だったりするわけです。人の健やかに生きる意欲を刺激するために

書籍のほうがよければ、私は本を書きます。そして実際に本も何冊か書いてきました。

　私は、既存にある「コンサルタント」とか「教育・研修事業」「著述業」とかいった枠に自分をはめ込んで職業選びはしません。あくまで根底にどんな想いがあるかです。どんな意味や価値を満たしたいかです。その意味・価値のもとに、職業を想像し、仕事を創造していく。その手段として業種や職種があり、結果として売上げがついてくる。働く目的が「意味・価値」に向くと、そういう考え方の順番になります。

　私は40歳のときに、「意味の丘」に立って、心の内側から発せられるサーチライトで世の中を照らした結果、いまの職業イメージを描くことができました。そして、企業の研修に哲学的な要素を持ち込み、独自性のある内容でお客さんを増やしていくこともできました。

　企業の研修に「テツガク」などという小むずかしいことを取り込むと売れにくくなるので、大手の研修会社であれば敬遠したいところでしょう。しかし、私は身軽にスモールビジネスを走らせる個人事業。大勢の社員を食わせるための大きな売上げはいりません。だからこそ、思い切ってやりたい方向性でやれるわけです。

　「意味の丘」に立って職業を想像し、創造することは、だれもが容易にできることではありません。ですが、こういうプロセスで職業をつかみとっていくことがあるんだ、ということを頭に入れておいてください。将来、あなたも職業選択についてあらためて悩んだとき、「意味の丘」に立つことがあるかもしれません。

#41

適職探しの罠

自己分析という
小さな枠に自分を閉じ込めるな

━ 人はつねに「可能態」にある

　人はだれしも、そして何歳になっても、無限の可能性を秘めています。それを少しむずかしい言葉を使って表現すると───「人はつねに可能態にある」となります。

　すなわち、人はつねに「可能的な存在」であり、何にもなりうる／何をもなしうる潜在的な力や性質を備えているという意味です。

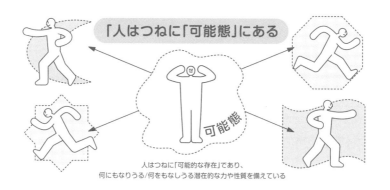

「人はつねに「可能態」にある

可能態

人はつねに「可能的な存在」であり、
何にもなりうる／何をもなしうる潜在的な力や性質を備えている

　とくに若いみなさんはいま、まさにやわらかい粘土のようなもので、これから先、どのような形・色にもなっていくことができます。

━━ 診断ツールが示すのはあなたのごく一部

　人はそのように可能態であり、さまざまなものになりえる存在なのですが、同時に人は、そのように「何にもなれる・何をしてもいい」というような宙ぶらりんの状態が不安でしょうがない動物でもあります。ですから、「あなたはこのタイプですよ。だから、あなたに向いているのはこういうものですよ」と、外から言ってくれる何かに頼ってしまいたいという面があります。

　就職に際して、自己分析テストとか、適職診断テストなどのツールがよく使われるようになりました。こうしたツールは自分の傾向性を客観的に知るという点で、ある程度有効なものではあります。しかし、それらの診断結果が表すのは、自分のほんの一部でしかないことを留意しておかねばなりません。なぜなら、一個の人間というのはほんとうに複雑で豊かな奥行きをもった存在です。そんな存在をわずか数十問の問いで、数値的に明らかにできるものではないからです。

　自己分析で「●●型」という結果が出た。だから私は「●●型」に合った生き方をしたほうがいい。あるいは、「●●という職種」の需要が世の中では大きそうだ。将来的にもなくなりそうにない職種だから、これを目指すのが無難だ───これらは、既存にだれかが設定した分類型や職種といった「枠」に自分をはめこんでいく態度です。外側に合わせる生き方であり、内側からふくらんでいく生き方ではありません。

━ 自分を「枠」に閉じ込めていくことのリスク

みなさんはまだ最初の就職ですから、いったんはこうした外側からの「枠」を頼りにして職業を見つけるということでもいいでしょう。しかし、こうした枠にやわらかな粘土である自分を流し込んでいった後が問題です。

その後、その枠を自分なりの意志やイメージでぐいぐいと押し広げていくのであれば、それは自分らしいキャリア・生き方につながってきます。しかし実際は、「ほかにやりたいこともないし、現状でしかたない」と言って、その枠のなかで干からびた粘土のように硬直化してしまう人も少なからずいます。

自分を「枠」に閉じ込めていくことのリスク

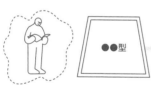

自己分析で「●●型」という結果が出た。
だから私は「●●型」に合った
生き方をしたほうがいい。

自分は●●型のはずだ

自分に△△型はダメだ

「●●という職種」の需要が世の中では大きそうだ。
将来的にもなくなりそうにない職種だから、
これを目指すのが無難だ。

自分はずっと●●職種でやってきたので、
いまさら変えられない

自分に△△職種はできるはずがない

診断ツールの結果をそのまま過信し、自分をそのタイプに閉じ込め、そこに安住してしまうと、他の可能性が目の前に現れても「自分は●●型のはずだ」「自分に△△型はダメだ」と、安易にそれらを否定したり、敬遠したりするようになる危険性があります。

　また同様に、ある職種がいまの時代に有利という理由から、その職種に自分を閉じ込め、惰性のままに時間が経ってしまうとどうなるか。「……いまさら他の職種に変えられない」「……これまでと異なる職種なんてできるはずがない」と、他の選択肢を避けたり、怖がったりしかねません。

　30代後半から40代にかけての人がキャリアの行き場をなくし、閉塞感や漂流感におそわれることが多くなっています。これを「キャリアのミッドエイジ・クライシス」とも言います。その要因は、そもそもその枠が自分の内側からの想いの発露でつかんだものではなかったこと。そしてさらに、その枠のなかで自分を硬直化させてしまい、しなやかに道を切り開くことから遠ざかっていたことがあげられます。

━━ 「内的基軸」を見つけながらしなやかに進んでいく

では、理想の姿はどういうものなのか───それは「内的基軸」を見つけながらしなやかに進んでいくことです。内的基軸とは、その人が内に持つ理念・信条・志・意味・大切にしたい価値など、一語で言えば「想い」です。さらに補足するなら、情緒的な願望というより、意志的な方向性です。

しかし、社会に出る前から想いを見つけ、抱くのはむずかしい。そのために、最初は自分に枠のようなものがいる。「自分はこういうタイプだから、こういった職種が適当ではないか」というとりあえずの自己限定です。しかし、そうしたタイプや適性といったもの、そこから引き出される職種はあくまで仮置きのものととらえることが重要です。一番大事なのは、つねに自分の内側に目をやり、「想いは何か」という自問とともに進んでいくこと。仮置きの枠はどんどん脱ぎ捨てていくことです。

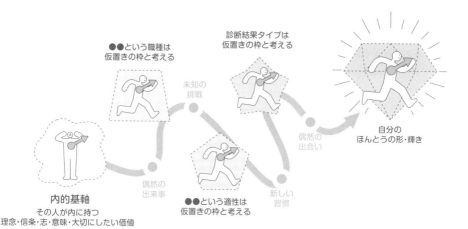

●●という職種は
仮置きの枠と考える

診断結果タイプは
仮置きの枠と考える

未知の
挑戦

偶然の
出会い

自分の
ほんとうの形・輝き

偶然の
出来事

●●という適性は
仮置きの枠と考える

新しい
習慣

内的基軸
その人が内に持つ
理念・信条・志・意味・大切にしたい価値

そのように、想いを主導にして進んでいき、未知の挑戦をしたり、新しい習慣を始めたり。すると、自分の想いもだんだん太く見えてくるようになるでしょう。さらにはその過程で、偶然の出来事や出会いも起こってきます。そしてその偶然こそ、自分を想定外の領域へと押し上げてくれる重大な要素だったりもします（→このことについては、キャリア形成の有名な理論として『計画された偶発性理論』というものがありますから、関心のある人はネットで検索してみてください）。

　「内的基軸」を見つけながらしなやかに進んでいく作業は、最短距離を効率よく一直線で行く行程にはなりません。あっちにぶつかり、こっちでつまずき、ときに廻り道になります。しかし、自分らしいキャリアの道すじというものは、本来そういうものです。時間はかかるでしょうが、自分というもののほんとうの形を彫り出し、輝きを出すためには、でこぼこ道を歩かなくてはなりません。ですが、最終的につかむ仕事は「適職」を超えて、「天職」になっていくでしょう。

　就職に際して、自己分析や適性診断などの結果データはあくまで参考情報です。神からのご託宣でもなければ、占い師の運命予言でもありません。それらを過信して、こぢんまりとその枠のなかで固まってしまってはいけません。

　人はだれしも可能態にあります。その無限の可能性の扉は、内側からしなやかに開かれるものです。

「就社」か「就職」か[1]

「いい会社に入りたい」VS 「志す職業を持ちたい」

━ 目線が「会社選び」にあるか「職業選び」にあるか

　「就職」とは広い意味では、「社会で何かしら職業を得ること」です。そこで最近、この「就職」をもっと狭い意味でとらえ、「就社」と対比させて考えようと言われはじめています。今回はこの両者をじっくりみていくことにします。

　「就社」と「就職」のニュアンスの違いを下図に表しました。就社とは「会社に就く」と書き、就職は「職業に就く」と書きます。

「就社」と「就職」のニュアンスの違い

就社〈会社に就く〉

主目的は「いい会社」に入ること

☐ ともかくサラリーパーソンをして安定した生活を送りたい

☐ そのために待遇・環境がよい会社に入りたい。ブランド企業であればなおよい

☐ どんな仕事を与えられるかは二の次

就職〈職業に就く〉

主目的は「志す職業」を持つこと

☐ 自分が職業として持ちたい職種・仕事分野は「●●」である

☐ そのうえで条件のよい会社を選びたい

☐ その職業を保ち、高めていくために必ずしもサラリーパーソンに固執しない

就社の場合、目線は会社に向いています。ですから就社の主目的は「いい会社」に入ることです。もしあなたが、次のような意識に傾きながら就活をしているなら、それは「就社」に近いものです。

□ともかくサラリーパーソンをして安定した生活を送りたい
□そのために待遇・環境がよい会社に入りたい。ブランド企業であればなおよい
□どんな仕事を与えられるかは二の次

　次に就職（狭い意味での就職）の場合、目線は職業にあります。就職の主目的は「志す職業」を持つことです。もしあなたが、次のような意識に傾きながら就活をしているとすれば、それは「就職」に近いものです。

□自分が職業として持ちたい職種・仕事分野は「●●」である
□そのうえで条件のよい会社を選びたい
□その職業を保ち、高めていくために必ずしもサラリーパーソンに固執しない

　端的に言えば、就社意識の人は、「サラリーパーソンとして職を得ること」が第一優先で、職種・仕事の分野はその次にきます。職選びの根底でもっとも重視しているのは、会社の規模や信用力、雰囲気、給与水準、福利厚生といった外形的なメリットです。

他方、就職意識の人は、「その職種・仕事分野を職業として持てること」が第一優先にあり、具体的にどこの会社がいいかというのはその次にきます。職選びの根底でもっとも重視しているのは、自分が職業人としてどの道を歩んでいくかという内的な方向性です。

　ちなみに、サラリーパーソンとして職を得ることが第一優先という理由から公務員を考える場合も、ここでいう「就社」の意識に含まれます。

　いずれにせよ、社会で何かしら職を得ようとするとき、人によって「就社」寄りか、「就職」寄りかの差が出ます。ただ一般的には、学生の場合は「就社」意識が強くなるでしょう。自分にどんな職業的な才能があるかがまだはっきりしていませんし、とりあえず会社に入ってみて、いくつかの仕事を体験する過程で、自分が持ちたい職業というものを見出すというのが無理のない形だからです。企業のほうも新卒学生の採用については、潜在的な能力があるとみれば、「就社」意識でもかまわないという構えになります。

　しかし、社会に出て何年か働いてくると、そこからは「就職」意識でなくてはなりません。企業が行う中途採用も職種や仕事分野ごとのジョブ型採用が中心になっています。

■ 会社に雇われ続けることが目的化すると 保守・依存の心が生まれる

　人生で長く働いていくうえで、「会社」に重心を置く意識か、それとも「職業」に重心を置く意識かというのは、実は就職のときだけではなく、ずっと続いていくものです。

　次ページの表のように会社員のなかには2つの意識が混在するようになります。それは「会社人」的な意識と、「職業人」的な意識です。

　両者の違いを生むもっとも根本的なところはどこか。それは「会社人」的な意識が、その会社に雇われ続けることが最大の関心事になる一方、「職業人」的な意識は、その職業をきわめていくことが最大の関心事になることです。

　入社した会社を愛し、その会社にずっと長くいたいというのはけっしてわるい気持ちではありません。その会社で定年まで働けるならそれは幸運なことです。しかし、仕事の視野が会社の狭い世界に閉じ、雇われ続けることが目的化すると、知らずのうちに意識は保守的・依存的になってきます。中高年になり、その職種・仕事分野で自律的に仕事を進めることができず、会社に寄りかかるだけの社員になってしまうとすれば、それは個人にとっても組織にとってもよいことではありません。

　そのために、意識を職業に向け、自分が受け持つ職種・仕事分野において、つねに知識や能力を磨き、どこの会社でも通用するような自律した職業人になっていくことが求められます。

会社員のなかにある2つの意識

<small>サラリーパーソン</small>

「会社人」的な意識

・その会社に雇われ続けることが最大の関心事
　（どんな仕事も受容し、適度にがんばる）
・就社（会社に就く）意識
・組織に守られ、サラリーパーソンでいたい

・会社と個人はタテ（主従）の関係
・会社の要求に応じた能力を身につける
・会社内での評価を気にかける
・会社ローカルな世界観

・キャリア形成の主導権を会社に委ねがち
・労働市場における自分の人材価値について
　ほとんど考えたことがない

「職業人」的な意識

・その職業をきわめていくことが最大の関心事
　（会社はその舞台・機会提供者ととらえる）
・就職（職業に就く）意識
・場合によっては、その分野で独立もありうる

・会社と個人はヨコ（協働者）の関係
・職業の追究に応じた能力を身につける
・その職業世界で自分はどんな活躍をするか
・その職業分野や社会にオープンな世界観

・キャリア形成の主導権は自分にあると思う
・労働市場における自分の人材価値について
　ある程度意識している

「会社人」的な意識　　　　　　　　　　　　　　　　　　「職業人」的な意識

「就社」か「就職」か［2］

意識発達の3段階

━「働くうえでの最大の関心事」による意識の発達フェーズ

さて、前回（授業#42）のことをふまえ、ここからは「働くうえでの最大の関心事」を
もとに、意識の発達フェーズを説明しましょう。下図を使いながら進めます。

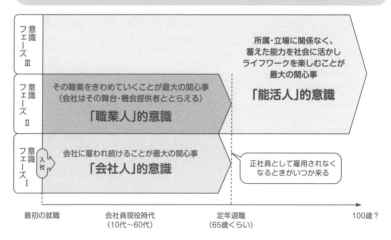

「働くうえで最大の関心事は何か」による意識の発達フェーズ

学生から新入社員として会社に入るとき、たいていは「就社」的な意識、「会社人」的な意識が強いでしょう。つまり、ともかくはどこかの会社に入り、サラリーパーソンとして安定的に給料をもらい、経済的自立、技能的自立ができるようになる。任された仕事をきっちりやりきり、自分の職業的才能がどのあたりにあるかを探っていく。そのように、最初は会社にしっかり雇われ続け、稼ぐ基礎力をつくるというのが最大の関心事といってもよいでしょう。これは新卒の社員にとってみれば無理のないことです。自然なスタート意識です。これを意識フェーズIとしましょう。

　そしてその次にあるのは、意識の重心を職業に移し、「職業人」的意識を強く持つ段階です。これをフェーズIIとします。ここでの最大の関心事は、「職業」を軸に自分の仕事を進化させ、その道をきわめていくこと。その結果としてキャリアを発達させていくことです。

━━ 会社人・職業人を超えて「能活人」の意識

　そしてさらに、次の段階があります。会社に正社員として雇われるのは永遠ではなく、定年退職という終点があるからです。現在は会社員・公務員の定年退職が60〜65歳くらいで設定されていますが、このタイミングが将来どうなっていくかはわかりません（いまより長くなるかもしれませんし、逆に短くなることもありえるでしょう）。いずれにせよ、人生100年時代を考えると、多くの人が定年以降も働くことが普通と考えねばなりません。

　とすれば、どんなことを最大の関心事として働いていくことが大事か。それがフェーズIIIの「能活人」的意識です。

「能活人」的意識というのはここだけの造語ですが、すなわち、会社に所属していようがいまいが、世の中での立場がどうであろうが、それに関係なく、一個人として自分が蓄えた能力を社会に活かし、ライフワークを楽しむことが最大の関心事であるというような意識です。

━━ 意識発達の違いはどこから生まれてくるか？

このように、働くうえでの最大の関心事は何かによって意識発達を3段階に分けて考えることができます。私は仕事柄いろいろな人の働く姿をみてきています。そこには、新卒入社からずっと意識フェーズIのまま、すなわち「会社人」的意識に留まったまま会社員生活を終える人が少なからずいます。それとは別に、意識フェーズをII、IIIと上げていく人もいます。

意識の差は定年退職時にはっきり表れる

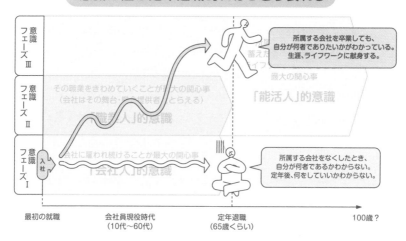

意識フェーズ III

意識フェーズ II

意識フェーズ I

入社

その職業をきわめていくことが最大の関心事
（会社はその舞台・場を提供者ととらえる）
「職人」的意識

会社に雇われ続けることが最大の関心事
「会社人」的意識

蓄えた
イフ

最大の関心事
「能活人」的意識

所属する会社を卒業しても、
自分が何者でありたいかがわかっている。
生涯、ライフワークに献身する。

所属する会社をなくしたとき、
自分が何者であるかわからない。
定年後、何をしていいかわからない。

最初の就職　　会社員現役時代　　定年退職　　　100歳？
　　　　　　　（10代〜60代）　　（65歳くらい）

こういった違いはどこから生まれてくるのか————？

　１つには労働観の違いがあるでしょう。「労働はただ生活のためのお金を得るもので、労働にそれ以上の思い入れをしない」「会社から命じられた業務をきちんとこなしていれば、それで雇用契約上の義務は果たしている」「会社に使われたくない。プライベートを充実させたい」など、このように賃金労働に対して冷めたとらえ方をする人は、意識フェーズⅠどまりになりがちです。

　逆に、フェーズⅡ、Ⅲと上がっていく人は、「労働はお金を得る以上のものがある。それを引き出すのが仕事のおもしろさではないか」「よりよく働くことは、よりよく生きることに大きくつながっている」「仕事を通じて自分を成長させていきたいので、組織から言われていないことでもやってみる」というように、労働に対してポジティブなとらえ方をします。

　また、就労環境も影響します。世の中にはたしかに、仕事がきつく、その割に報酬もよくない、職場の雰囲気も殺伐としている、経営者も従業員に無関心という会社があります。たまたまそういう会社に入ってしまったとき、そしてさらに他の会社にも移りようがないとき、人は割り切りの感覚で、適当に仕事をし、会社に雇われ続けることだけを考えるようになります。

　あるいは、待遇や福利厚生が恵まれている大企業の従業員のなかにもフェーズⅠどまりの人が出ます。仕事やキャリアへの取り組みがたとえ受動的であっても、大きな間違いさえしなければ、定年まで組織内に居場所は確保されます。長い期間、組織の傘のなかで守られ、もろもろの経済的恩恵を受け取ることができます。「会

社人」的意識にどっぷり浸かっていても特段困ることはないのです。

それとは対照的に、自律に働くことを促す職場、仕事を通じての成長を促す職場、理念や志・ビジョンを共有する組織文化を持つ環境で働く人は、その影響からフェーズⅡ、Ⅲへと上がっていく可能性が高くなります。

■ 意識の差は定年退職時にはっきり表れる

いずれにせよ、フェーズⅠどまりの人と、フェーズⅡ、Ⅲへと上がっていく人の差は、20代〜30代のころにはあまりはっきり表れないかもしれません。しかし、定年退職時にはその差がはっきり表れるでしょう。

フェーズⅠどまりの人は、定年退職によって会社という所属をなくし、居場所、肩書き、業務をなくしたとき、自己喪失を起こす危険性が大きい。「自分は何者で、これからの時間何をしたらいいのか」がわからなくなるのです。「会社人」的意識の人は、それまでずっと、会社の名刺をアイデンティティ（自己認識）としてきましたし、やるべきことはいつも会社が命じてくれたからです。

たしかに退職して当面は、のんびりとレジャーや趣味で過ごす生活もいいものです。しかし消費や娯楽の活動だけで、「確かな自分」「ほんとうの自分」というものをつかみ、深いところからの充実した余生を送ることができるでしょうか……。もちろん「自分の余生はそんなこむずかしい充実を考えなくていいよ」という人生観の人であれば、それはそれで他人がとやかく言うことではないのですが。

それに対し、フェーズⅡ、Ⅲまで上がっていった人は、職業を軸に、自分が何者であり、何をすべきかを考える習慣をつけてきています。ですから、定年退職後もその延長からライフワークとなるべきものをつかみとる可能性が高くなるでしょう。

　そういった人の感覚では、働くことはもはやお金を得ること以上に、自分の能力を活かして何を社会に還元していくかという活動になってきます。その創造・貢献の活動を通して、会社員時代とは異なる次元で、「確かな自分」「ほんとうの自分」をつかんでいくわけです。

　さて、今回は「就社」か「就職」かというテーマで、2つを比較してながめてきました。たった一字違いですが、そこには大きな違いがありました。その人のキャリア（職業人生）というのは、能力だけでつくられるものではなく、観・マインド（意識）が強い影響力を持つということをこの本では何度も書いてきました。まさに「就社」か「就職」かというのも意識の違いです。意識の持ちようによって、自分のキャリアの行き先、ありようはまったく変わってくるものです。

最終限

「自分らしくある／はたらく」ために

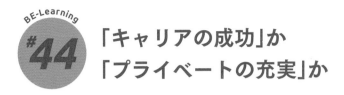

「キャリアの成功」か
「プライベートの充実」か

━ 「仕事中心」の生き方にメリットが明確だった時代

　いつごろからか、「仕事（職業生活）」と「私生活」は対立する2つのものとしてとらえられるようになりました。その背景を少しおさらいしておきましょう。

　第二次世界大戦以降、欧米や日本などの先進諸国は高度な工業化によって経済活動の規模をどんどん大きくさせ、会社員や公務員といったサラリーパーソンを大量に生み出してきました。

　こうした組織で働くサラリーパーソンたちは、右肩上がりの経済成長のなかで、組織から命じられる仕事を真面目にどんどんこなしていきます。真面目に長時間働けば、右肩上がりの収入が得られ、組織内での昇進が確実にあったからです。

　仕事に献身的に励めば励むほど、経済的・物質的に豊かになれる。そしてそれは結果的に家族を幸福にさせることにつながる。あこがれのマイホームを手に入れたり、自家用車を買って家族でドライブに出かけたり、子どもの教育にお金をかけることができたり……。だから仕事を中心にし、私生活や家庭のことは多少後回しになってもしょうがない。こうした考え方がだんだん普通になっていったわけです。

日本においては1960年代以降の昭和の高度経済成長期に、こうした仕事と私生活を分離し、仕事中心で生きるという考え方が男性を中心に広がりました。そしてその後、この流れは女性にも起こってきます。1985年に成立した男女雇用機会均等法がそのきっかけです。

　それまで女性は男性優位の社会のなかで、家庭を守ったり、仕事現場においても男性の補助的な業務を任されたりという立場に閉じ込められていました。それが解放されたのです。有能で意志のある女性は、仕事を通して自己実現をかなえるべく、仕事優先でキャリアアップを目指し始めたのです。

━ 反動として「プライベート充実」という意識が生まれた

しかし、仕事に偏った生活は問題も生じさせます。ワーカホリック（仕事中毒）や燃え尽き症候群、メンタル不調といったマイナスの面が顕在化してきました。さらにはインターネット技術の進化とともに、24時間つねに仕事関連の情報・連絡から逃れられない状況が生まれ、働く人の肉体や精神はますます仕事に占領されてしまうことになりました。

そうなると、必然的に反動の流れが起こります。仕事は仕事、私生活は私生活と2つをしっかり分け、からだを壊さないようにバランス（つり合い）をとろうという考え方です。いわゆる「ワークライフバランス」です。ワークライフバランスは、1980年代の米国においてフルタイムで働く女性の間から、就労と家事の両立が肉体的・精神的に困難であるというところから起こってきた概念です。

キャリアの成功

- 成功者を目指す
- キャリアの勝ち組になる
- 成功者・勝ち組を目指すことで
  人間的にも成長があるし、
  経済的にも裕福になり、
  結果的にプライベートも潤う（はず）
- 自分の能力を証明したい
- ハードワークやリスクは必要

こっちを目指すべき？

2000年以降デフレ経済に陥った日本では、右肩上がりの経済が終わり、働いても働いてもなかなか給料が上がらない状態になりました。また、少なからずの企業がリストラを断行したり、終身雇用制度を廃止したりする動きも大きくなってきました。もはや、組織に献身してもじゅうぶんな見返りが期待できない状況になったのです。

さらには、労働環境をないがしろにして従業員の健康を軽視する企業──いわゆる「ブラック企業」的な会社──も社会問題になりはじめ、仕事が苦役としてとらえられる傾向も強まってきます。

そのようなことから、「仕事はほどほどに、プライベートを充実」といったような意識を持つ人が増えはじめてきました。

プライベートの充実

- 仕事や会社に振り回されるのはイヤ
- 給料をもらうために必要なことはやるが それ以上無理してやることはない
- 私生活の充実こそ人生で一番大切なこと
- 仕事と私生活は分離すべき
- 私はそんな「がんばり屋さん」ではない

いや、
こっちが優先かも？

■ 仕事と私生活は「トレードオフ」の関係？

　さて、このように仕事と私生活が対立したものとしてあり、どちらを優先させていくかという問題は、いまも多くの人を悩まし続けています。すなわち一方に「キャリアの成功」を目指す心があり、もう一方に「プライベートの充実」を欲する心がある。この2つの極の間で悩むわけです。多くの人は、仕事と私生活は「トレードオフ」の関係にあると考えます。

　トレードオフとは二律背反ということで、「一方でプラスを得れば、別の一方でマイナスをこうむる」状態をいいます。すなわち、仕事・キャリアで成功をしようとすれば、その分、プライベートは犠牲にしなくてはならない。プライベートを充実させようとすれば、仕事・キャリアでの成功にはブレーキがかかる、といった具合です。

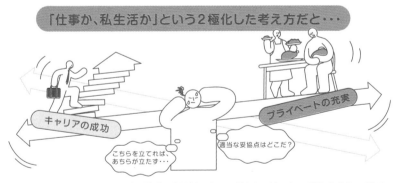

仕事と私生活はトレードオフ（二律背反）関係にある。だから、どこかで妥協点をみつけてやるしかないという姿勢になりがち。後ろ向きな「ワークライフバランス」になる。

ですから、どこか2極の間の適当なところで妥協してやるしかない———

そう多くの人は考えるわけです。言ってみれば、後ろ向きのワークライフバランスです。

　確かに私たちは例えば、人生のある時期に出産や子育てと仕事とを両立させなければならない場合があります。親の介護をしながら仕事を抱える場合も起こりえます。

　人は1日24時間という有限の時間を生きるしかないのだから、そんなときはどうしても仕事と私生活を分離して、2つのバランスをとることが不可欠になる。どこかで妥協も必要になる。

　しかし、キャリアを押し進めていく途上で、いつもいつもバランスでいいのか、2極間の妥協でいいのかという自問が出てきます。バランスをとるというのは賢明な策の一種ではあるものの、やはりどこか「静的なつり合い」「守り」の形だからです。『仕事と幸福、そして、人生について』の著者、ジョシュア・ハルバースタムは次のように書きます———

　　「バランスばかりにとらわれていると、われを忘れて何かに打ち込むという豊かな体験を逃してしまうことになりかねない。妥協は情熱の敵であり、意思決定の方法としては二流である」。「バランスが常に理想的であるとはいえないのである」。

■ 二項対立を超えていく「止揚」という考え方

　私たちは物事を考え、判断するときに、よく二元化/二極化の手法を持ち出します。極端な2つの要素をあげ、白か黒かを問います。確かに議論がしやすくなるという利点はありますが、たいていどこかのグレーで折り合いをつけるに留まるという欠点もあります。

　哲学の世界にドイツ語で「アウフヘーベン」という概念があります。日本語では「止揚」とか「揚棄」「綜合」などの言葉があてられています。これは「正」と「反」という対立する2つのものを、それぞれの本質を含んだまま発展的に統一し、「合」というものに昇華させていくことをいいます。

　2つの対立するものがあり、そこから妥協的に着地点を決めるのは比較的容易なことです。それに比べ、止揚的に答えをつくり出していく作業はとても難しい。もとの2つがある状態よりも次元を変えないと答えがつくり出せないからです。

　これと同様に仕事と私生活においても、単に消極的に両者のバランスをとるという次元から、ひとつ次元を上げたところで答えを持とうとする構え方があります。それが「ワークライフインテグレーション」（仕事と私生活の統合）と呼ばれるものです。

止揚＝「正」「反」という二項対立を超えて「合」に昇華させる

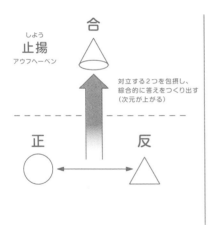

合

しょう
止揚
アウフヘーベン

正　　　　反

対立する2つを包摂し、
綜合的に答えをつくり出す
（次元が上がる）

正　　　　反

妥協

それぞれが譲り合って、
あるところでガマンする
（次元は変わらず）

■ 仕事と私生活の「バランスをとる」から「統合する」へ

　仕事も私生活も大きな視点からながめれば、自分が「生きる充実」を得るための大事な要素である。仕事での発想や心の張りが私生活によりよい影響を与え、同時に、私生活での発想や心の張りが仕事によりよい影響を与える———この相互の好影響の環を太く大きくしていくことが大事なのではないか。そうすることによって、「最善の自分」に出合っていこうとする。これが「ワークライフインテグレーション」です。

　このワークライフインテグレーションは最近生まれてきた概念ですが、こうした構え方を実践する人たちは以前からいました。例えば工芸職人の場合、仕事と私生活は密接につながっています。まず、働く場と暮らす場がつながっています。よい物を作ろうと思えば、日々の生活のなかで日用道具への意識を鋭くしなければなりません。ですから、むしろこのほうが都合がよいともいえます。優れた職人であるためには優れた生活者であることが求められる彼らは、仕事生活とふだんの私生活を統合的にとらえ、意識を磨きます。ワークライフインテグレーションの場合、仕事と私生活の区分があいまいになり、四六時中、仕事のことに意識を張る部分があります。が、だからといって、それはワーカホリックとは全く異なっています。ワーカホリックは、自分が定めた目的ではなく、会社からの目的のもとに働かされてしまうという不健全な状態をいいます。

　ワークライフインテグレーションは、みずからの目的・意味・やりがいのもとに快活に仕事をし、個人の生活をし、そして両者が和合している状態です。職業人としての自分と、生活人としての自分が一体化して、「よりよく働く・よりよく生きる」が実現されていく———それは上の工芸職人だけでなく、会社員やビジネスパーソンにもじゅうぶんに可能なことです。

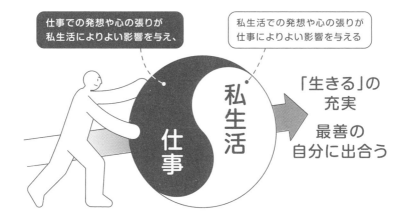

仕事と私生活を「統合する」という姿勢もある

仕事での発想や心の張りが
私生活によりよい影響を与え、

私生活での発想や心の張りが
仕事によりよい影響を与える

仕事

私生活

「生きる」の
充実

最善の
自分に出合う

ワークライフインテグレーション

仕事と私生活はどちらも「生きる」の大切な要素であり、相互に影響しあう。だから2つを統合的に高めようと考える。これは「最善の自分」に出合うために、2極化の間で妥協することを超えていく「止揚的」な姿勢。

■ 自分の「生きる」全体を豊かに
   健やかにしていくというまなざし

　さて今回のタイトルは「キャリアの成功」か「プライベートの充実」か、でした。キャリアの成功も、プライベートの充実も、それらを目指すことはまったく悪いことではありません。

　しかし、キャリアの成功にせよ、プライベートの充実にせよ、それらは自分の「生きる」を構成する一部分です。職業人としてとんがってひたすらキャリアの成功を追う、あるいは、生活人として閉じこもってひたすら私的な愉悦を求めるといった一部分のことを人生の最上位の目的にし、そこに固執してしまうといろいろ問題が起きてきます。

　そうではなく、もう一段高いところにまなざしを向け、自分の「生きる」全体を豊かに、そして健やかにしていくためにはどうすればいいんだろうと構えることが大切です。

　「豊かに、健やかに生きる」「最善の自分を掘り起こす」という全体俯瞰に立ち、それを人生の大きな目的とすれば、自然と仕事と私生活は相互に高め合うものとしてみえてくるでしょう。そうした心持ちで日々、自分らしく働く、自分らしく生活する。そしてある程度の年月が経ったときにふと振り返ると、キャリアがうまく発展していた、同時に、プライベートも充実している───これが理想の姿です。そして実際、こういう状態にたどり着いている人は多くいます。

BE-Learning

#45 「自己実現」ってなんだろう!?

━ やりたいことをやり才能を
開花させている状態が「自己実現」か

社会では「自己実現」という言葉が広く使われるようになりました。あなたはこの「自己実現」という言葉をきいて、どんな姿を想像するでしょうか―――。

例えば、趣味で釣りを楽しんでいたAさん。自分の知恵や技を動画で配信を始めたところ、視聴者が急増。いまでは人気のユーチューバーとして稼げるようになり、これを本業化。全国の海を渡り歩く生活になった。Aさんは思う―――「自分の眠っていた才能がここで開花した。釣り名人として自己実現していくぞ！」。

あるいは、中学生向けの学習塾で講師をしていたBさん。自分の教える能力をもっと広く世界で活用したいと思い、発展途上国での教師ボランティアプログラムに参加を決意。2年間、赴任地で奮闘の日が続く。Bさんは思う───「自分の資質を最大限ふくらませ、自己実現できる場所がここにある。もう数年続けてみよう」。

　また、子どものころから何でも器用にこなすマルチな才能の持ち主であるCさん。語学に長け、自称「トリリンガル（3か国語を話せる）」。デジタル技術にも詳しく、ちょっとしたアプリなら自分でプログラムを組んでつくってしまいます。

　そんなCさんは、最初に入った商社でエネルギー資源の貿易業務に携わります。しかし数年が経ち、「ここは自分が求める場所ではない」と、ほかの会社に転職します。そして次は、大規模な物流システム構築の仕事にエンジニアとして従事します。ですがここも数年経って、「自己実現に適したところではないな」と思い始めます。そして次に思いついたのが、データサイエンティストという職種。「超専門的なスキルを身につければ起業だって可能。自己実現の夢がふくらんだぞ」。Cさんはそのための専門的な勉強を始めようと、何冊も関連書籍を買い込むのでした。

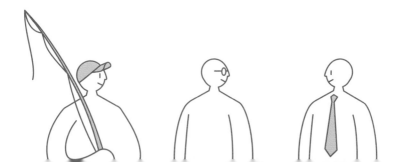

……Aさんも、Bさんも、Cさんも、自己の可能性を広げようと「自分のなりたいもの・自分のやりたいこと」にひた走る姿がみてとれます。さて、3人のこうした姿のうち、どれを、あるいはどこまでを自己実現と呼んでいいものなのか、これが今回の思索テーマです。

　昨今、「自己実現」というと何か、自分の才能や可能性に目覚めて、やりたいことをやりたいようにやれている状態の意味合いで使われることが多くなっています。ただ、その活動がややもすると自己中心的な欲求を満たすことに傾いている場合があり、この言葉にネガティブなニュアンスを感じる人もいます。

　「自己実現｜self-actualization」は、米国の心理学者であるカール・ロジャーズやアブラハム・マズローらによって提唱された概念です。まず、この概念を広く普及させることとなったマズローの「欲求5段階説」から簡単にみてみましょう。

■ 自己実現とは「最善の自己になりゆく」こと

　マズローは次ページの図のように人間の欲求を5段階に分けてとらえました。一番下にくるのは「生理の欲求」です。そこから「安全の欲求」「愛と所属の欲求」「尊重の欲求」と上がっていき、一番上にくるのが「自己実現の欲求」です。とても有名な理論なので関連書籍も多いですし、ネットで検索してもたくさんの情報が出てきますから、それぞれの欲求が具体的にどんなものなのか、くわしく調べてみるとよいでしょう。

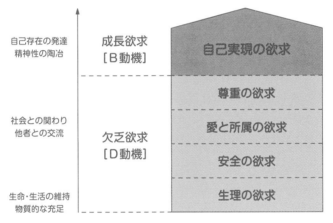

マズローの「欲求5段階説」

| 自己存在の発達 精神性の陶冶 | 成長欲求 [B動機] | 自己実現の欲求 |

		尊重の欲求
社会との関わり 他者との交流	欠乏欲求 [D動機]	愛と所属の欲求
		安全の欲求
生命・生活の維持 物質的な充足		生理の欲求

B動機＝Being（実存・成長）に関わる動機
D動機＝Deficiency（欠乏）に関わる動機

この縦にならんだ５つの欲求において、下の方へいくほど「生命・生活の維持、物質的な充足」の欲求になります。それらが充足されてくるにつれ、やがて人間の欲求は「社会との関わりや他者との交流」へと重心が移り、さらには「自己存在の発達、精神性の陶冶」へと移っていく、そうマズローは考えたのでした。

　同時に彼は、「尊重の欲求」と「自己実現の欲求」の間に１つの区分け線を入れています。すなわち、下から１番目から４番目までを「欠乏欲求」とし、５番目を「成長欲求」としたのです。前者は「D動機＝Deficiency（欠乏）に関わる動機」が主導的に起こすもので、後者は「B動機＝Being（実存・成長）に関わる動機」が主導になると考察しました。

　ですから、自己実現というのは他の４つとは異なる種類のもので、しかも最上位に置かれる特別なものです。マズローによれば自己実現とは、最善の自己になりゆくことであるとし、こう書いています。

　「自己実現の達成は、逆説的に、自己や自己認識、利己主義の超越を一層可能にする。（中略）つまり、自分よりも一段大きい全体の一部として、自己を没入することを容易にするのである」。──『完全なる人間』より

　彼は自己実現にある状態を「至高経験」とか「最高水準の人格発達」とも呼んでいますが、そこでは自己を超越した感覚、大きな全体につながる境地があると言っています。自己実現はある種、宗教的経験というべきものであり、東洋思想の「涅槃（ねはん）」にもなぞらえています。したがって、自己実現にある人はおよそ自己中心的に閉じる態度とは真逆の態度になります。

■ ブラックハッカーとして才能を発揮する姿を 「自己実現」と呼べるか

　このようなことを理解すると、「私はいま、自己実現してまーす！」とは容易に言えないことのように思えてきます。なぜなら自己実現とは単に、自分のやりたいことを才能を生かしてやっている状態をいうのではなく、その活動を通して"大きな全体"（＝自分も他者も生きる世界、自然、宇宙を貫くシステム）とつながり、小さな自分を超えていく体験だからです。

　ですから、いくら自分がその活動に没頭し、なりたい自分になれていたとしても、その目的が例えば、もっぱら人の注目を集めるためだけのものだったり、自分の利益だけを追ったものだったりした場合、それは心理学者たちがいう「自己実現」ではないでしょう。

　極端な例をあげれば、IT技術の分野で得意なスキルがあり、そこにのめり込んでブラックハッカーとして自分の有能さを証明している人を「自己実現している人」とは呼ばないのです。あるいは、SNS上のインフルエンサーとして有名になった人でも、フォロワー数や閲覧数を上げるために、たくみに情報を操作したり、きわどい表現を駆使して世の中を惑わしたりする場合も、それは「自己実現の姿」ではないのです。

■ 「自己実現」の欲求と「利己増大」の欲望

　私たち人間は、生物としてまず肉体を保ち、生命・生活を維持していくことが必要です。食べ物や飲み物、安全に住む場所がいります。そして、人と人との間で情や信頼を交わすことが必要になります。さらには自分が他者から受け入れられたり、認められたりすることが必要にもなります。

こうした「欠乏欲求｜D動機」がある程度解消されてくると、私たちは自己という存在をよりよいものに発達させようと、「成長欲求｜B動機」の次元に入っていくようになる──これが心理学者の考えた段階・プロセスです。

　しかし、現実の人間は欠乏欲求がある程度満たされた後、自動的に「成長欲求｜B動機」の次元に入っていくとはかぎりません。そのまま「欠乏欲求｜D動機」次元に留まり、もっと多くの物質、もっと多くの利得、もっと多くの承認・称賛を欲する状態になることも起こりえます。いや、むしろこちらの方向に進む割合のほうが多いかもしれません。

　つまり、「自己実現の欲求」に上がっていくのではなく、「利己増大の欲望」へと横すべりしていくわけです。そこでは、もっと多く、人より多くという「超過欲望｜E動機」が人を動かしていきます。

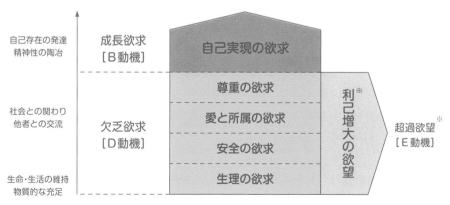

※「利己増大の欲望」「超過欲望」「E動機＝Excess（超過）に関わる動機」は
　本記事による発展概念

■■■ 賢明な自制のもとに「自己実現」はある

　さて、私たちは社会人として独立し、自分の職業を持ちます。そして自分の収入で生計を立てていきます。その収入でいろいろなものを買い、生きるための欠乏を満たしていきます。そうして物質的にも、精神的にも安定した状態を維持できるようになります。

　問題はその後です。次に目指したいのは、仕事を通して自分の資質を生かし、才能を掘り起こしながら、能動的に「やりたいこと・なりたいもの」に向かっていくことです。ただ、ここからは2つの方向性に分かれます。あるいは、2つの動機が自分の心のなかで綱引きを始めるでしょう。

　1つは、よく生きるために最善の自己に発達しようとし、大きな全体と調和する方向/動機。もう1つは、欠乏を満たしても、さらに多くを欲し、そこに執着する方向/動機。これまでみてきたとおり、前者が厳密な意味での「自己実現」です。後者は「利己増大」というべきものになります。もちろん自己実現に向かい、大きな全体性と調和するなかで最善の自分と出合っていくことが理想です。

　しかし私たち人間は、厳しい現実生活のなかで利己欲に引っ張られることも多い。利己は絶対的にわるいものではありません。利己は成長や前進のエネルギーにもなるからです。ただ、そこに執着し、利己が過剰になるといろいろと問題が起こってきます。

　要は、過剰な利己を自制し、健全な自己実現に向かっていくことができるか。さて、はたしてあなたは、このどちらの方向に自分を導いていくでしょうか―――。

「自己実現」に向かう心と「利己増大」に向かう心

〈全体性〉

よく生きるために
最善の自己に発達しようとし、
大きな全体と調和する状態

自己実現

〈自己中心性〉

欠乏を満たしてもさらに多くを欲し、
そこに執着する状態

利己増大

生きるための欠乏を
満たそうとする状態

「楽しい仕事」ってなんだろう!?［1］

楽しさの質に目を向けよう

■「楽しい」の２つの性質〜「快」と「泰」

　人は仕事に対し、日々そして一生涯に、多大な時間と労力を注ぎます。ですから、その仕事は当然楽しいものであってほしいはずです。そこで今回と次回の授業では、「楽しい仕事」とはどんな仕事なのか、あるいは「仕事が楽しい」とはどういう状態なのかを考えてみたいと思います。そこでまず、この「楽しい」という気持ち。簡単に言うと「心が喜んでいる状態」ですが、これをよくよく見つめると、そこには性質的な幅があることに気がつきます。

「楽しい」には性質の幅がある

楽しい＝心が喜んでいる状態

情的な「楽しい」　　　　　　　　　意的な「楽しい」

例えば 海外旅行で豪華ディナー　　　例えば 発展途上国で医療従事

楽（ラク）で楽しい＝気分の快さ

楽（ラク）ではないけど
深いところで楽しい ＝ 魂の充実

例えば、ここに2つの「楽しい活動」をあげました。まず左側。海外旅行で豪華ディナーを食べています。これはまさに至福の時で、快い気分に浸れます。何もかも給仕してくれるので楽（ラク）です。感覚的な悦（よろこ）びに満たされるとき、人は「情の楽しさ」を得ます。

　他方、右側。発展途上国で医療に関わる活動です。これは決して楽（ラク）ではありません。大変なことばかりでしょう。しかし楽しい。魂の充実があるからです。自分の決意や志を具現化しているとき、人は「意の楽しさ」を得ます。

　この「楽しい」の2つの性質、すなわち「情的な楽しい」と「意的な楽しい」の特徴をまとめると次のようになります。

「楽しい」にある2つの性質～快と泰

楽しい＝心が喜んでいる状態

情的な「楽しい」

・「快」の状態
・心地よく、気分が踊る
・刺激感、爽快感、高揚感
・持続性弱い／安定しない
・感覚的な悦び

生きるうえでの「華やぎ」

『快』　かい　こころよい

意的な「楽しい」

・「泰」の状態
・肚（はら）がどしんと落ち着いている
・活力感、自信、誇り、志、使命感
・持続性あり／安定している
・意志的な張り、魂の充実

生きるうえでの「滋養土」

『泰』　たい　やすらか

ひと言で表現すると、左側は「快（かい）」状態、右側は「泰（たい）」の状態といえます。快は心地よく、気分がさっぱりした状態をいい、「爽快」「快適」など、軽やかな感じです。ただ快は感覚的・情緒的なものなので、刺激によってすっとわいてきたり、すっと消えたり、安定しません。

一方、泰はどっしりと太く落ち着いた状態をいい、「安泰」「泰然」など安定しているニュアンスです。泰は観念的・意志的なもので、心をじんわりと押し上げ持続的です。

どちらの「楽しい」が、よいとかわるいとか、上だとか下だとか、そういう問題ではありません。「情的な楽しい」も、「意的な楽しい」も人生には必要です。前者は生きるうえでの「華やぎ」になりますし、後者は生きるうえでの「滋養土」になります。

■ 「ショッピングが楽しい」と 「ボランティア活動が楽しい」は性質が異なる

さらに両者の「楽しい」を比べてみましょう。「情的な楽しい」は、主に消費活動や娯楽活動で得られるものです。街に出かけてショッピングする、映画館で最新のヒット映画を観る、公園でのんびりとピクニックランチをする。こうした活動は楽しいものです。気分がワクワクしたり、和らいだり。心が癒やされたり。

また、私たちは生きていくうえでいろいろと競争をします。競争は広い意味でスポーツやゲームも含みます。ここには他者との比較競争で勝つ喜びや優越できる上機嫌のようなものがあります。これらも情的に楽しいといえるでしょう。

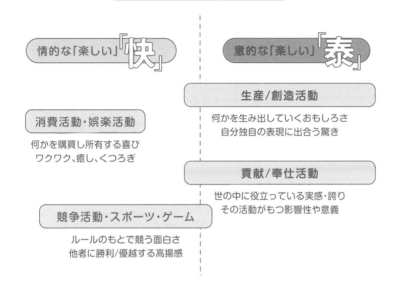

いろいろな活動の「楽しい」

情的な「楽しい」『快』

意的な「楽しい」『泰』

生産/創造活動

何かを生み出していくおもしろさ
自分独自の表現に出合う驚き

消費活動・娯楽活動

何かを購買し所有する喜び
ワクワク、癒し、くつろぎ

貢献/奉仕活動

世の中に役立っている実感・誇り
その活動がもつ影響性や意義

競争活動・スポーツ・ゲーム

ルールのもとで競う面白さ
他者に勝利/優越する高揚感

　それに対し、生産や創造活動から生まれるのは「意的な楽しい」です。そこには、意志を持ち、しんどさを乗り越えて何かを生み出していく喜びやおもしろさがあります。

　同様に、私たちは貢献活動や奉仕活動をしているときも意の楽しさを得ることができます。世の中や他者に役立っている実感や充実が、力強く肚の奥から押し上げてくるのを感じるでしょう。

━ 仕事/職業の楽しさは主として「意的」なもの

このように、ひとくちに「楽しい」と言っても、それが「情/快」寄りで楽しいのか、「意/泰」寄りで楽しいのか性質に違いがあります。さて、そこで「仕事/職業」という活動を考えてみましょう。

わたしたちが何かしら職業を持ち、仕事をしてお金を得る場合、そのほとんどは生産/創造の活動です。モノやサービス、価値を生み出し、さらにはそれをお客様に買ってもらうためにアイデアや表現を練る取り組みだからです。

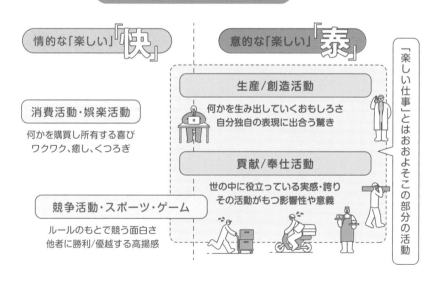

いろいろな活動の「楽しい」

情的な「楽しい」「快」　　意的な「楽しい」「泰」

「楽しい仕事」とはおおよそこの部分の活動

生産/創造活動
何かを生み出していくおもしろさ
自分独自の表現に出合う驚き

消費活動・娯楽活動
何かを購買し所有する喜び
ワクワク、癒し、くつろぎ

貢献/奉仕活動
世の中に役立っている実感・誇り
その活動がもつ影響性や意義

競争活動・スポーツ・ゲーム
ルールのもとで競う面白さ
他者に勝利/優越する高揚感

また同時にその活動は、社会や他者（お客様はもちろん、会社内の関係者や取引先など）に役立っていきます。ですから仕事は貢献活動でもあります。

　そう考えると、仕事/職業の楽しさというのは、主として「意的な楽しい」という性質のものになります。もちろん仕事には競争の要素もあって、他社/他者と競い合うこと、そして勝つこと・優れることによる「情的な楽しい」もあります。しかしそれは一部にすぎません。

　したがって、今回の授業のテーマである「楽しい仕事」とはどんな仕事なのか、あるいは「仕事が楽しい」とはどういう状態なのかについて、端的にまとめると次のようになります。

「楽しい仕事」とは──

- ・何かを生み出していく喜びやおもしろさがある仕事
- ・自分独自の表現に出合う驚きのある仕事
- ・世の中や他者に役立っている実感がある仕事
- ・こうした喜びやおもしろさが、しんどさや苦労を乗り越えさせてくれる仕事

「仕事が楽しい」という状態にある人は──

- ・肚（はら）がどしんと落ち着いている
- ・活力感、自信、誇り、志、使命感がわき出してくる
- ・意志的な張り、魂の充実がある
- ・いろいろな問題や矛盾にあっても、持続的・安定的にがんばれる

■■ 仕事に「情的な楽しさ」を期待すると失望しやすい

　私（筆者）は仕事柄、いろいろな人の働く姿をながめてきました。そのなかで、仕事が長続きする人とそうでない人、同じ業務内容なのにストレスをため込む人とため込まない人、そういった差をよくみてきました。

　仕事が長続きしない人や業務でいたずらにストレスをため込んでしまう人、つまりキャリアをネガティブに進めてしまう人には、状況によりさまざまな要因が関わっているでしょう。ですが、こうした人たちの共通点を1つあげるなら、仕事や業務をもっぱら情緒的な観点、すなわち好きか嫌いか、快か不快か、でながめる傾向性が強いことです。

　言い換えると、彼らは仕事の楽しさ（あるいは、つまらなさ）を、消費活動や娯楽活動と同じ性質の「情的な楽しさ」でみているわけです。

　これまで書いてきたように、仕事の楽しさは情的なものよりも、意的なものが主です。仕事というものは、意見の異なる人たちが議論し、協力してモノやサービスを生み出し、値段をつけてお客様に買ってもらうまでの努力の積み重ねです。その活動はむしろ忍耐・苦労続きです。しかし、そこには意志を通し、やり遂げる楽しさがある。その楽しさは、明らかにショッピングや映画鑑賞のときの楽しさとは性質が違うものなのです。

　ですから、仕事は楽しくあるべきだといって情的なほうに期待を向けると、失望のほうが大きくなり、仕事が続かなくなったり、ストレスがよけいに増したりするわけです。もちろん、仕事に楽しさを求めるのは自然のことです。しかし、その楽しさは意的なものをベースに考えることが賢明でしょう。

「この仕事はしんどいけど、やりがいがあって楽しい。自分の意志が試され、鍛えられながら、どっしりと自分が進んでいる気がする」───こういう気持ちで仕事に取り組めていることが理想です。

■「好きを仕事にする」で気をつけたいこと

一般的に人は、若いときほど多感であり、そしてまた人生経験から打ち立てられる観といったものが未醸成ですから、ものごとをみる目がいきおい「情」優位になりがちです。そのために「好き・嫌い」や「快・不快」が行動を主導します。

「好きだからやってみる」という姿勢はまったくわるくありません。どんどん好きなことに取り組むのがよいでしょう。それでその延長に「好きを仕事にする」ということがあるかもしれません。職業選択の動機において、それもまったくわるくありません。しかし留意すべきことがあります。

一消費者、一愛好家としてある分野の商品・業界が好きで、その分野に就職したとしましょう。しかし仕事として供給側からそれに関わると、いろいろな面がみえてきて、その商品・業界への熱が冷めてしまうことが往々にして起こります。「好き」は、あるきっかけでいとも簡単に「嫌い」「飽きた」に変わることがあります。情緒的な「好き」という動機は、実は不安定なものです。

「好き」という動機は入り口としてあっていいのですが、その後「好きを超えて、どういう意志をもって、この仕事にやりがいをもたせていくのか」といった問いをあらためて自分に投げかけ、「意的に楽しい」状態をつくりあげていかないかぎり、ほんとうに長く、深く、その仕事と付き合っていくことはできません。

BE-Learning #47

「楽しい仕事」ってなんだろう!? [2]

楽しさを掘り起こす
目と手を持とう

━ 前回のおさらい〜「楽しい」には性質の幅がある

前回に続き、今回の授業も「楽しい仕事」とはどんな仕事なのか、あるいは「仕事が楽しい」とはどういう状態なのかを考えます。

さて、前回の「楽しさの質に目を向けよう」は少し難しかったかもしれません。ここで簡単に要点をおさらいしておきましょう。

> ●「楽しい＝心が喜んでいる状態」には性質的な幅がある。
> ●一方には「情的な楽しい」がある。
> 自分の気持ちが「快（こころよい）」になる状態。
> 心地よく、軽やか。持続性弱い。
> ●もう一方には「意的な楽しい」がある。
> 自分の気持ちが「泰（やすらか）」になる状態。
> 肚（はら）からわき上がる感じでどっしりしている。持続性あり。
> ●仕事に「情的な楽しい｜快」を一方的に期待すると、失望することが多い。
> 仕事に「意的な楽しい｜泰」を見出すことが、長く働き続けるうえで大事。

そこで今回の授業は、最後の行にある「仕事に意的な楽しいを見出すこと」について、さらにみていくことにします。

━ あらかじめ自分に100％フィットした仕事はない

会社選びや仕事選びというのは人生において、ある種の「伴侶（＝行動や考えをともにし、連れ添っていくなかま）」選びのようなところがあります。そのために恋愛や結婚にたとえて考えることもできます。

すなわち、自分と会社・仕事とが最初から相思相愛で結ばれるときもありますし、はじめに出合ったときはあまりその会社・仕事に好意はなかったけれど、後からだんだん魅力がみえてきて好きになる場合もあるということです。

もちろん最初から相思相愛で結びつく就職にこしたことはありません。が、そうやって出合った会社・仕事であっても、逆に時間が経つにつれて、気持ちが冷め、その会社・仕事がいやになることも起こりえます。それほど、会社や仕事というのは長く「楽しく」付き合っていくことがむずかしいものです。

職業人生の途上で付き合う組織・職業・仕事で、あらかじめ自分に100％フィットした形で与えられるものなどありえません。仕事内容が期待と違っていた、人間関係が予想以上にむずかしい、自分の能力とのマッチング具合がよくないなど、どこかしらに違和感が生じるのがむしろ当然であるととらえるべきです。そのため、自分に与えられた仕事や環境に対し、感情的に反応しているだけでは、永久に満足できる状態はやってきません。

そこで、大事なことは何か──
1つには、仕事の見方を変える目を持つこと。
もう1つは、仕事を自分なりにつくり変えること。

■ 仕事を多面的にとらえる目を持つ

1つ目の「仕事の見方を変える目を持つこと」については、すでに授業#10「働くことはチャンスのかたまり」のなかで触れました。

仕事は、言うまでもなく「生計を立てていくための収入機会」です。これはだれもがする容易なものの見方です。しかし、この角度だけで仕事を固定化してみてしまうと、仕事の楽しさは掘り起こせません。

仕事は————

○ 生計を立てるための「**収入機会**」であることはもちろん、

○ 自分の可能性を開いてくれる「**成長機会**」

○ 何かを成し遂げることで味わう「**感動機会**」

○ さまざまな人から影響を受ける「**触発機会**」

○ 知識や技術などを身につける「**学習機会**」

○ 自分を社会に役立てる「**貢献機会**」

○ カラダとアタマを使い鍛える「**健康増進機会**」

○ あわよくば一攫千金を手にすることもある「**財成機会**」

になりえる。このように任された仕事を多面的に見つめ、仕事から楽しさを発見できるかどうか、これはとても重要な能力です。

あらかじめ「楽しい仕事」はない。
その仕事から楽しみを発見できる目を持てるかどうか。

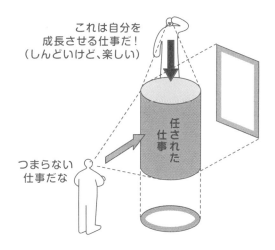

これは自分を
成長させる仕事だ！
（しんどいけど、楽しい）

任された仕事

つまらない
仕事だな

　気分的に「何かおもしろい仕事が振られないかなあ」と受け身で期待していてはだめです。意志的に仕事をながめ、「この仕事は自分に何をもたらしてくれるのだろう」「この業務を行うことは世の中の何とつながっているのだろう」と、その仕事に意味を与えるよう想像する力が必要になります。

　なお、念のために書き添えておきますが、いわゆるブラック企業（悪質な経営者が従業員を過剰に不当な条件・環境で働かせている会社）まがいのところに入ってしまい、そこできつい仕事をさせられている状況においては、上のことは当てはまりません。その場合は、客観的に相談ができる人を見つけて、賢明に対処することが求められます。

■ 目の前の仕事にはつねに進化の余地が無限にある

さてそれで、仕事の見方を変えることに加え、もう一段進んで、「仕事を自分なりにつくり変えること」ができれば、仕事の楽しさというものにぐっと近づいてきます。

だれしも新人社員のころは与えられた業務をミスなくこなしていくのに精一杯です。しかし、2年目、3年目くらいになると仕事慣れもしてきて、一人前に業務がこなせるようになります。

大事なのはここからです。先輩や組織から教わった業務のやり方、製品・サービスの考え方、事業のコンセプトなどは、いつでも完璧なものではありえません。そこにはつねに改良・改善・革命の余地がいくらでも残っています。そのときにその仕事に対し、何かしら自分なりの手を加え、仕事を進化させることができるかどうか、ここがポイントです。

言われたままの仕事を、言われたとおりの方法・考え方でやり続けるのは簡単なことです。しかし、そのように仕事を流していると、数年も経てば仕事に飽きがくるのは当然です。

もちろん上司や人事部は、仕事が惰性に陥らないよう業務目標に変化をつけたり、ジョブローテーション制度によって新しい部署を経験させたり、従業員の動機づけに手を施します。しかし、なんでもかんでも外からのお膳立てを待っている姿勢では、ついぞ仕事というものの楽しさと出合わずに終わってしまうでしょう。

仕事に手を加え、仕事をつくり変えていく。
そのプロセス自体が楽しみとなる。

仕事をこう変えたらもっと　　おもしろくなるんじゃないか

任された仕事を自分なりに手を加えて押し広げる

おぉ、さらに仕事の
楽しみが増してきた！

━ 最初の仕事はくじ引きである

　経営学者のピーター・ドラッカーはこう言っています———「最初の仕事はくじ引きである。最初から適した仕事につく確率は高くない。得るべきところを知り、向いた仕事に移れるようになるには数年を要する」と。

　人が会社や仕事と出合い、それと長く付き合っていくためにもっとも重要な能力の1つは、楽しさを掘り起こすように仕事をつくり変えていく力です。ドラッカーの言うとおり、最初の仕事はくじ引きだとすれば、「はずれ」が出ることもある。でもその「はずれ」は、

自分の仕事をつくり変えていく力によって事後的に「当たり」に変えることができる。

　そのように自分らしいキャリアづくりとは、会社選択・職業選択というくじ引き後の仕事や環境を独自に変えていくプロセスといえます。

　この世の中で、どんな会社を選んでも、どんな仕事に就いても、大なり小なりの違和感、不満、不足、不遇は起こります。しかしそこを起点として、多面的な目を持って、仕事や環境をつくり変えていこうとする人が、ほんとうの意味で「仕事を楽しめる人」です。

　そのときの「楽しい」がまさに「意的」であり「泰（やすらか）」ということです。人は決意のもとに活動するとき、もっとも元気になります。ですから「意」を起こさないといけないのです。

　キャリアがつくれないとか、キャリアが不安だと言う人は、実は決意をしていない場合がほとんどです。決意から逃げて、あわよくば外部環境が都合よく転んでくれないかなと願うのです。能力が足りていないから決意できないというのも、消極的な言い訳です。

　さて2回にわたって「楽しい仕事」を考えてきました。楽しいには、「受け身で与えられる気分的な楽しい」もあれば、「能動的につくり出す意志的な楽しい」もありました。ただ、仕事・キャリアにおいては、後者の楽しいが主になります。「意」とは、心が何かに向かい自分を動かそうとするエネルギーのこと。意を起こすことが、自分らしくある／自分らしく働くための第一歩です。

BE-Learning #48 「天職」とは
最終的にたどり着く心の境地

━ キャリアは「ゆらぎ」の軌跡～「ブラウン運動」にも似て

　イギリスの植物学者ブラウンは1827年、思いがけないことを発見しました。水に浮かべた花粉から飛び出した微粒子を顕微鏡で観察すると、いつまでも不規則でジグザグした乱雑な動きを続けたのです。この動きが世に言う「ブラウン運動」です。この動きの原因は、花粉から出た微粒子に、液体や空気の粒子がさまざまな方向からさまざまな速さで衝突するために起こることが後に解明されました。

ブラウン運動する微粒子

さて、この原理はまさに私たち1人1人の人生・キャリアにも当てはまるように思えます。つまり、私たち一個の人間／職業人という粒は、外側から日々刻々、じつにさまざまな力を受け、ジグザグと揺らぎながら進んでいくからです。

　例えば、景気の状況、経済（家計）の状況、家庭の状況。さらには、事故にあったとか、部署異動を命ぜられたとか、ある転職情報が舞い込んできたとか……あちこちから押しの力、引きの力、勇気づけの力、幻惑の力が自分にかかってきます。また、そんな外部の力によって、同時に自分内部の気持ちや志向もどんどん変化していきます。そのように私たちは、複雑に交錯する力学のなかで、日々ゆらぎながら、内と外で押し合いへし合いしながら、人生・キャリアを歩んでいきます。その軌跡もまさに不規則で乱雑であり、実にブラウン運動的なのです。

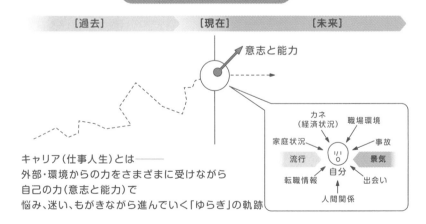

キャリアはゆらぎの軌跡

［過去］　　　　［現在］　　　　［未来］

意志と能力

カネ（経済状況）　職場環境
家庭状況　　　　　事故
流行　　　自分　　　景気
転職情報　　　　　出会い
人間関係

キャリア（仕事人生）とは──
外部・環境からの力をさまざまに受けながら
自己の力（意志と能力）で
悩み、迷い、もがきながら進んでいく「ゆらぎ」の軌跡

━ 私たちのキャリアの動きは
花粉の微粒子とは重要な一点で異なっている

ブラウン運動する粒子は、外部からの無数の粒子の衝突によって動くため、次にどんな動きをするかは予測できません。そしてそれは、行方知れずに漂流を続けるものとなります。これと同じように、私たちの人生・キャリアも雑多な外からの力に翻弄されて、行方知れずになってしまう危険性がつねにあります。

しかし、私たちは花粉の微粒子とは重要な一点で異なっています。すなわち、花粉の微粒子にはみずからこの方向へ動こうという内面からの力がないのに対し、私たち人間にはみずからを方向づけ、推進させる意志や能力があるということです。

したがって、もし一人間/一職業人として、何かしらの意志や目標、それを実現させるための能力があれば、多少はゆらぎつつも、中長期ではある予想範囲のうちに、自分をたどり着かせることが可能になります。言ってみれば、推進力を持たず単に水面に浮かぶゴムボートは海で漂流するだけですが、もし推進エンジンを積んだ船であれば、波風、潮の影響を受けつつも、意図する方向へなんとか進んでいけるのと同じです。

人生・キャリアには、不規則で乱雑な出来事、予想できない出来事がさまざま身に降りかかってきます。しかしそれはもう当然のこととして受けとめ、そうした外部からの力を上回る、あるいは、それを逆に利用するしなやかな力を内面にわき起こすことがとても大事なポイントになります。

人生・キャリアは「偶発」とともに築かれていく

　私は企業の従業員に向けてキャリア開発研修を生業としてやっている身ですが、「人生・キャリアは計画的にきちんと進めるべきだ」というメッセージを前面に押し出すことはしません。むしろその逆の内容を強調しています。すなわち人生・キャリアは、ある意味"行き当たりばっ旅"でいいと。ただし、漫然と放浪するのではなく、意志のもとに方向軸だけは持っておき、しなやかに状況をつくり出していくこと。この条件付きです。

　それを理論化した教授がいます。偶発性をキャリア形成と結び付け、論を展開したのが、米スタンフォード大学のジョン・クランボルツ教授です。彼は偶発の出来事こそキャリア形成に重要な影響を与えていることを発見し、「プランド・ハプンスタンス理論」（Planned Happenstance Theory：計画された偶発性理論）を提唱しました。

　つまり、キャリアはすべて自分の意のまま、計画どおりにつくれるものではなく、人生のなかで偶然に起こる予期せぬさまざまな出来事によって決定されている事実がある。むしろ大事なことは、その偶発的な出来事を主体性や努力によって最大限に活用し、チャンスに変えること。また、偶発的な出来事を意図的に生み出すよう積極的に行動すること。そのために、各人は好奇心、持続性、柔軟性、楽観性、冒険心を持つことが大切だと、同教授は説いています。

プロの将棋士が読むのはせいぜい10手先

　ところで、将棋のプロたちはいったい何手先の局面までを読んで対戦しているのでしょうか。将棋界のレジェンド的存在である羽生義治さんによれば、おおよそ10手先くらいということです。素人からすれば意外と少ないと感じます。彼はこう言っています。

「あるところまでは決まった航路（定跡）があって行けることもあります。しかし、そこから先は未知の海なのですね。理想は航路が一本の線になることですが、実際には、どんな波が来るかわからないのです。

そこで、しばらくは北に行ってみようかと。方向を決めて進んでも、また違う波が押し寄せてきます。今度はどうしようか？　それで今度は西に針路をとってみようかと。そういう感じでやっています」。

———『定跡からビジョンへ』より

　時間をかけて何百手先まで読むことは実戦的ではないらしいのです。それよりも、やってきた流れのなかで一番自然な手は何かを考えることに集中する。1つの局面ではおおよそ100通りほどの差し手の可能性があるが、自分の頭のなかの自然な流れを考えると、2、3通りの手が直感的に浮かび上がってきて、残り90％以上の手は捨ててしまえるのだという。そして、そうこうしているうちに「これはこうなって、最後はこういう形で終わるのだ」と、ぱっと道筋がわかるときがくる。勝つときはそういうものらしいのです。

　人生・キャリアにおいて、たしかに計画や自己分析などはある程度必要なものです。しかし、どれだけていねいに5年後・10年後のキャリア設計図を練ってみたところで、どれだけ精緻な自己の適正診断をしたところで、変化が激しく大きな時代です。外部環境ががらっと変わり、そもそもの前提が崩れてしまうことは容易に起こります。状況は刻々と移り変わり、想定外の方向に動いていくことは普通に起こるわけです。

　そうしたなかで自分の望みの仕事に出合い、満足のいく職業人生を送っていくためにもっとも重要な資質は、ゆらぎながら、もがきながら、状況をつくり出していくたくましさやしなやかさです。

━━「天職」の大地から振り返ると、偶発は必然に変わる

　下の図は、私のキャリア航海の様子を描いたものです。20代、30代で4つの会社と留学を経験し、40代で独立起業。50代にして、人財教育事業という「天職」の大地に立つことができました。60代となったいま、大地内にある高い山の登頂を目指し、仕事に打ち込む日々です。

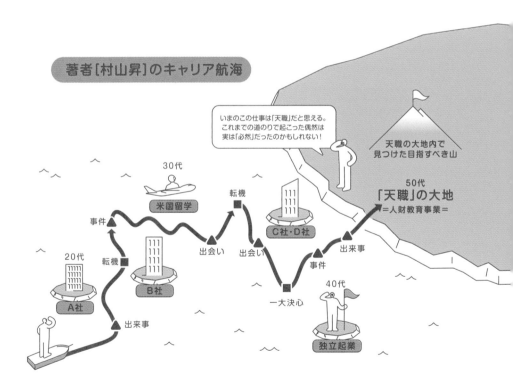

著者［村山昇］のキャリア航海

いまのこの仕事は「天職」だと思える。
これまでの道のりで起こった偶然は
実は「必然」だったのかもしれない！

天職の大地内で
見つけた目指すべき山

50代
「天職」の大地
＝人財教育事業＝

30代

米国留学

転機

事件

C社・D社

転機

B社

20代

A社

出会い

出会い

出来事

一大決心

事件

出来事

40代

独立起業

出来事

この図が示すように、私の来た道のりはブラウン運動のようにジグザクです。最初から目標地点がわかっていて、それを直線的に最短距離ですーっと来たわけではありません。いろいろと想定外の出来事が起こったり、偶然の出会いや機会に遭遇したりして、進路がいくたびも変わることがありました。この線はまさに私が悩み、迷い、もがいてきた軌跡です。

しかし、つねに自分のなかには「0（ゼロ）から1（イチ）を起こす仕事がやりたい」「自分の仕事は、独自の表現を世の中に提示するものでありたい」「人の向上意欲を刺激することをやりたい」といった意志や想いがありました。こういう方向軸があったために、漂流から免れ、最終的にこの教育という天職の大地にたどり着くことができました。

そのように、しっかりと自分の意志をもち、能力を磨き、それを不断に続けていく。そうすれば、途中段階では意図しない、あるいは望まない結果になることがあるかもしれませんが、中長期では自分の想う方向へ、想う形で自分を導いていけるものだと思います。

私がいま、この天職の大地に立ち、来し方を振り返ってみると、「ああ、あのときの失敗はこういう意味があったのか」「あのときの出来事は起こるべくして起こったのだ」といったような思いにふけるときがあります。それはつまり、自分が偶発を必然に変えることができたということでもあります。

■ 何十年とかけて答えをつくり出す
キャリアの第1試験・第2試験

　人生・キャリアはつねに分岐点の連続で、何か選択をしていかねばなりません。もっと言えば、選択肢をつくり出していかねばなりません。どんな選択をしようと、その時点ではそれがはたして正解なのかどうかわかりません。ただ、その後の奮闘でそれを「正解」にできるかどうかです。

　意志と能力を磨き、自分の選択を正解にしようと奮闘を重ねていった後に、"ごほうび"として得られる泰然自若の状態———それが「天職」です。

　天職とはそのように、何か具体的な職業をいうのではなく、何十年と働いてきて、「ああ、自分はこの道のりを経てきてよかったんだ。いま踏みしめている仕事の大地こそ、たどり着くべき場所だったのだ」と心の底から思える「境地」といえるでしょう。

　自分のキャリア（職業人生）は、言ってみれば長い時間をかけて行う試験といえるかもしれません。自分がはたして天職を手にできるかどうかは、50代とか60代に答えが出るもので、実にいまから30年、40年かけてやる壮大な試験になります。

　さらには、会社員を定年退職するのが仮に60代とすると、60代以降、会社の名刺や肩書き、勤務場所が自分から取り去られることになります。そのときに、一能力人・一人間としてライフワークやソウルワーク（→授業#09参照）を持てるかどうか。これもまた人生の大きな試験です。

長い時間をかけて答えをつくり出すキャリアの第1試験・第2試験

キャリアの第1試験
「天職」をつかむ

キャリアの第2試験
「ライフワーク・ソウルワーク」
をつかむ

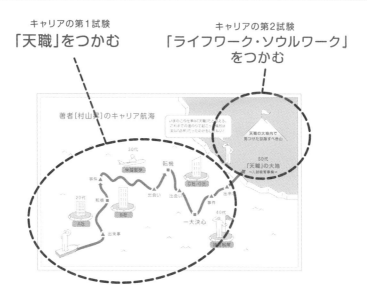

おわりに

いかがでしたか、「働くこころの根っこをつくる」ための48の授業。この授業では最新の知識や情報、即効の技術や方法はほとんど出てきませんでした。就職活動をひかえた学生やキャリアに悩んでいるビジネスパーソンからすれば、「こうすれば絶対に受かる！」とか「無理なく成功を手にする10のワザ！」のように、もっと具体的なテクニックや成功法を知りたかったと思うかもしれません。

しかし、この本はあえてそうした知識や方法の伝授ではない内容を目指しました。

私は人財教育の分野で起業してから20年以上、いろいろな人のキャリアを観察してきました。と同時に私自身も37年間働いてきて、みずからのキャリアの旅路を経てきました。そこで確実にいえることは————

最終的に自分らしいキャリアを体現し、健やかに働き続けている人は、

　　　　「やり方」に長けるのではなく
　　　　「あり方」を肚に据えている

ということです。

確かに生きていくうえで、働いていくうえで、「やり方＝解決の知識・具体的方法・処理的スキル」を取り込んでいくことは必要です。しかし「やり方」のみを追っている人は、往々にして、そのときの状況にただ反応するだけになっています。

若いころからマニュアル的に対処法の断片を与えられ、それを追うことになれてしまうと、40代以降、自分をどう方向づけていいかがわからなくなります。「やり方」ばかりに目を奪われて、ついぞ自律的に自分の生き方・キャリアをどうするかということを考えてこなかったからです。知識・スキルに長けた人が、後年キャリアに漂流するという姿を私は多く目にしてきました。

　ましてや、AI（人工知能）が猛烈な速度で発達する時代の到来です。ますます多くの知識やスキルがAIに置き換わっていきます。「やり方」習得だけでキャリアを渡っていこうとすることは、もはやとても大きなリスクを背負った生き方になります。

　ですから、この本は「あり方」を考える本にしたかったのです。

　生きるうえでの、また働くうえでの「あり方」を考える力というのは、次のような3つの要件を行き来しながら培われていくと私はみています。すなわち──

　　［要件1］ものごとの根本をしっかり見つめ、本質的なことをつかむ
　　［要件2］自分独自の観点でものごとをとらえ、分厚く解釈する
　　［要件3］自分がどうありたいかという心の基軸を醸成し、行動で試す

　これらのなかでこの本は、とくに［要件1］を促すものです。「働く」とは何なのか。「能力」とは何なのか。「じぶん」とは、「成長」とは、「自己実現」とは……。「自立と自律」はどう違うのか。「目標と目的」はどう違うのか……。48の授業はこうした基本的な概念について、じっくりと見つめなおしていくものでした。

「能力」とか「成長」とか「目標・目的」といった言葉の意味はだれでも知っています。しかしそれは単に辞書的な定義を知識としてアタマで持っているだけで、多くの場合、それらを自分なりにそしゃくして、肚に落とすことまではしていません。人生・キャリアをしなやかに切り拓こうとする意志と力は、アタマではなく、肚からわき出てくるものです。ですから私はこの授業を通して、ものごとの根本をしっかりと見つめさせ、肚で考えさせることをしたいと思いました。それが、一人一人が自分の「あり方」を築く基礎になるからです。

　書店には、アタマで「やり方」をおぼえさせ、スマートにものごとを処理するための成功本があふれています。しかし、肚で「あり方」を考えさせる本はきわめて少ないものです。さらに言えば、あなたの身のまわりでだれが「あり方」を語り、ものごとの根本に目を向けさせてくれる（くれた）でしょうか？―――親・保護者はどうでしょうか。上司・経営者はどうでしょうか。学校の先生はどうでしょうか……。残念ながら、大人と言われる世代の人びとの多くもまた、子どものころから「やり方」偏重の教育を受けてきて、「あり方」を語れないのが現状ではないでしょうか。

　私自身60代となり、ものごとの根っこを見つめることの重要性をいやまして強く感じています。この本の内容は地味ではありますが、根本のことを扱っています。根本にまなざしを向け、そこから「あり方」の軸を起こす人が増えることを私は切に願っています。―――そしてこの願いこそ、私が働くうえでの志であり、みずからのキャリアを貫く「あり方」の軸です。

　この本に収められた授業の数々は、2022年8月からインターネット上のコミュニティサイト『visions』（https://www.vision-community.jp/）において、「18歳からのBE-Learning　自分らしくある／はたらくを学ぶ哲学教室」と題された記事として連載されたものです。

　このサイトのユニークなところは「志」を軸に人と企業とが出会う場づくりをしているという点です。通常、就職や転職のためのサイトというと、求職者と企業とを職種やスキルでマッチングを図るわけですが、このサイトは志によるマッチングなのです。まさにこれも「やり方」ではなく、「あり方」からのアプローチといえるでしょう。

　そしてこのイラストフルな本は、『visions』を運営する株式会社パラドックスのクリエイティブ力がなければ成しえなかったものです。同社取締役である田島洋之さんには総合的なディレクションで強力な力添えをいただきました。そして数々のアート的なイラストとカバーデザインは、今岡幸図さんの手によるものです。

　私はかねてより一読者として、ビジネス関連の自己啓発書の多くが無味で貧弱なビジュアルであることに不満を抱いてきました。自分の著書だけはそうしたくないとの思いから、本文を書くこと以上に紙面をどうビジュアル的に表現するかについて、いつも気にかけてきました。その点で今回、今岡さんという優れた描き手と一緒に本づくりができてほんとうによかったと思います。

おわりに

また本の編集にあたっては、前著『キャリア・ウェルネス』に引き続き、日本能率協会マネジメントセンターの新関拓さんにあれこれ奮闘いただきました。前著よりもはるかに増えたビジュアル素材を手際よくさばいていただき、また、台割り（ページ構成）などでいろいろと工夫をしていただきました。

　いまや世の中のいろいろなことが、その変化のスピードを上げています。そんな時代だからこそ、いったん立ち止まり、じっくりとものごとの根っこを考える暇_{いとま}をつくることが大切ではないでしょうか。絶え間ない変化を渡っていくために、この一冊が読者のみなさんにとって「不変のこころ（肚構え、基盤意識）」を醸成する一助になれば幸いです。

2024年5月
自宅の仕事場にてシジュウカラのさえずりを聞きながら
村山 昇

参考文献

P.F.ドラッカー『プロフェッショナルの条件』(上田惇生訳、ダイヤモンド社)

内村鑑三『後世への最大遺物』(ワイド版岩波文庫)

小林一三『私の行き方』(大和出版)

エドガー・H. シャイン
『キャリア・アンカー───自分のほんとうの価値を発見しよう───』
(金井壽宏訳、白桃書房)

J.D. クランボルツ／A.S. レヴィン
『その幸運は偶然ではないんです!』
(花田光世／大木紀子／宮地夕紀子訳、ダイヤモンド社)

ラース・スヴェンセン『働くことの哲学』(小須田健訳、紀伊國屋書店)

杉村芳美『「良い仕事」の思想』(中央公論社)

マックス・ヴェーバー
『プロテスタンティズムの倫理と資本主義の精神』(大塚久雄訳、岩波文庫)

リチャード・フロリダ
『クリエイティブ資本論───新たな経済階級の台頭───』
(川口典夫訳、ダイヤモンド社)

野田智義／金井壽宏『リーダーシップの旅』(光文社新書)

セネカ『生の短さについて』(大西英文訳、岩波文庫)

スティーブン・R. コヴィー
『7つの習慣』(ジェームス・スキナー／川西茂訳、キングベアー出版)

晴山陽一『名言の森』(東京堂出版)

野村克也『野村の流儀』(ぴあ)

『ギリシア・ローマ名言集』(柳沼重剛編、岩波文庫)

カール・ヒルティ『眠られぬ夜のために』(草間平作／大和邦太郎訳、岩波文庫)

三木清『人生論ノート』(新潮文庫)

ゲーテ『ゲーテ格言集』(高橋健二訳、新潮社)

バートランド・ラッセル『ラッセル幸福論』(安藤貞雄訳、岩波文庫)

本田宗一郎『私の手が語る』（グラフ社）

フレデリック・ハーズバーグ
　『仕事と人間性－動機づけ──衛生理論の新展開──』
　（北野利信訳、東洋経済新報社）

ジョシュア・ハルバースタム
　『仕事と幸福、そして、人生について 』
　（桜田直美訳、ディスカヴァー・トゥエンティワン）

アブラハム・H. マスロー
　『完全なる人間 ──魂のめざすもの──』（上田吉一訳、誠信書房）

岡本太郎『強く生きる言葉』（イースト・プレス）

渋沢栄一『論語と算盤』（国書刊行会）

坂本光司『日本でいちばん大切にしたい会社』（あさ出版）

ジェームズ・C. コリンズ／ジェリー・I. ポラス
　『ビジョナリー・カンパニー』（山岡洋一訳、日経BP 出版センター）

ダニエル・ピンク
　『フリーエージェント社会の到来 ──組織に雇われない新しい働き方──』
　（池村千秋訳、ダイヤモンド社）

アラン『幸福論』（白井健三郎訳、集英社文庫）

モンテーニュ『エセー（二）』（原二郎訳、ワイド版岩波文庫）

ヴィクトール・E. フランクル
　『意味による癒し──ロゴセラピー入門──』（山田邦男監訳、春秋社）

原研哉『デザインのデザイン』（岩波書店）

金子みすず『永遠の詩〈1〉金子みすず』（小学館）

サン・テグジュペリ『星の王子さま』（内藤濯訳、岩波書店）

東山魁夷『泉に聴く』（講談社文芸文庫）

神谷美恵子『生きがいについて』（みすず書房）

羽生善治／今北純一『定跡からビジョンへ』（文藝春秋）

村山 昇 （むらやま・のぼる）

キャリア・ポートレート コンサルティング代表。人財教育コンサルタント。
概念工作家。
企業の従業員・公務員を対象に、「プロフェッショナルシップ」（一個のプロと
しての基盤意識）醸成研修はじめ、「コンセプチュアル思考」研修、管理職研修、
キャリア教育のプログラムを開発・実施している。

1986年慶應義塾大学・経済学部卒業。プラス、日経BP社、ベネッセコーポ
レーション、NTTデータを経て、03年独立。94-95年イリノイ工科大学大
学院「Institute of Design」（米・シカゴ）研究員、07年一橋大学大学院・
商学研究科にて経営学修士（MBA）取得。

著書に、『キャリア・ウェルネス』（日本能率協会マネジメントセンター）、『働
き方の哲学』『コンセプチュアル思考』『スキルペディア』（以上、ディスカ
ヴァー・トゥエンティワン）、『キレの思考・コクの思考』（東洋経済新報社）など。

ビジネスホームページは、
http://www.careerportrait.biz

今岡 幸図 （いまおか・こうず）

イラストレーター／グラフィックデザイナー
インターネット上のコミュニティサイト『visions』にて、主なイラストを
担当。
「すべてのひとに、楽しく、わかりやすく」をモットーにさまざまな企業の
ビジョンや概念をイラスト化・図案化している。

visions
https://www.vision-community.jp/

はたらくってなんだ？

働くこころの根っこをつくる哲学授業

2024年6月30日　　初版第1刷発行

著者　　　村山 昇
　　　　　©2024 Noboru Murayama

発行者　　張 士洛

発行所　　日本能率協会マネジメントセンター
　　　　　〒103-6009　東京都中央区日本橋2-7-1 東京日本橋タワー
　　　　　TEL：03-6362-4339（編集）／03-6362-4558（販売）
　　　　　FAX：03-3272-8127（販売・編集）
　　　　　https://www.jmam.co.jp/

ブックデザイン・イラスト　今岡 幸図

本文DTP　　PiDEZA Inc.

印刷所　　　シナノ書籍印刷株式会社

製本所　　　ナショナル製本協同組合

ISBN978-4-8005-9232-3　C2034
落丁・乱丁はおとりかえします。
PRINTED IN JAPAN

キャリア・ウェルネス

「成功者を目指す」から「健やかに働き続ける」への転換

村山 昇 著

A5判 296頁

右肩上がりの経済のもと、会社に忠誠を尽くしてハードワークをし、物質的に裕福になるという画一的パターンの「成功（者）」を目指すのではなく、「100歳まで生きてしまうかもしれない人生」において、一人ひとりが自分らしく健やかに働き続けられることを目指す、「キャリア・ウェルネス」という仕事観、働き方の哲学を紹介する。